DAS BUCH

Wenn sich ein Autor zum vierten Mal demselben Thema widmet, ist er entweder selbst bescheuert oder das Thema scheint unerschöpflich. Letzteres stimmt zumindest auch: Das Drama des Alltags wird immer absurder und das Casting für die Nebenrollen immer unterirdischer. Um nicht komplett durchzudrehen, bleibt mir der Fluchtweg in das Niederschreiben des Wahnsinns. Ich kann nur hoffen, daß auch der Leser ein wenig Linderung, vielleicht sogar Genugtuung erfährt, wenn er die ein oder andere Begebenheit aus seinem Alltag wiedererkennt und die dortigen Bekloppten im vorliegenden Buch standesgemäß abgeurteilt sieht.

DER AUTOR

Dietmar Wischmeyer arbeitet seit Ende der 80er Jahre in der deutschen Humorwirtschaft. Zunächst beim Hörfunk, wo die meisten seiner populären Figuren entstanden (Der kleine Tierfreund, Die Arschkrampen, Günther, Mike etc.), dann auch auf der Bühne und im Fernsehen. Von ihm sind bisher schätzungsweise 25 Tonträger und – ich sag' mal – zehn Bücher herausgekommen. Das Logbuch aus der Welt der Bekloppten und Bescheuerten erscheint in vier Stadtmagazinen und im Radio. Dietmar Wischmeyer lebt auf freiem Fuß im Landkreis Schaumburg, Niedersachsen.

Dietmar Wischmeyers Logbuch

Das Schwarzbuch der Bekloppten und Bescheuerten

Ullstein

INHALT

Was macht eigentlich Dietmar Wischmeyer so den ganzen Tag über?	6
Menüs	8
Alt und jung	11
Auferstehung	13
Der Euro, der ist da	15
Bob Dylan on tour	17
Besuch beim Urologen	19
Advent, Advent	25
Mastvieh	27
Sommer zu Hause	30
Deutsche Light-Kultur	33
Menschen von früher	35
Bettwäsche	37
Kannste mal eben, haste mal grade!?	39
Der Mann mit der Bohrmaschine	41
Englisch stirbt aus	43
Alle sind bekloppt	46
Ägypten?	49
Campino und Konsorten	52
Baggersee	55
Animation	57
Die längste Sekunde der Welt	59
Weihnachtsmänner	61
Landjugendfeste	63
Gerümpel	65
Rumlatscher	67
Männer im Gespräch	69
Neuer Trend teilgetrennt	71
Dauernd Fressen	73
Wer ist der Papi?	75
Shoppen	77
Deutscher sein	79
Rumpupen	81
Der Mensch als Emission	83
Sommer woanders	86
MännerSex	89
Bahnhof in der Kleinstadt	91
Frühstück im Hotel	93
Eine Fahrt im Bistrowagen der Mitropa	95
Hotel	97
Möbelcenter	99
Frauen	101
Frühlingsgefühle	103
Mütter am Vormittag	105
Mikroroller	107
1. Das Alte Testament	109
2. Das Neue Testament	114
Ein Rückblick voller Wehmut	117
Wie ich mir den Himmel vorstelle	124

WAS MACHT EIGENTLICH DIETMAR WISCHMEYER SO DEN GANZEN TAG ÜBER?

Erst mal LIVING, also eigentlich den ganzen Tag. Fängt morgens schon an mit Body-Upgraden: zwei Toasts und Latte macchiato. Dann Information: Local Newspapers und TV TravelShop. Die Weatherperformance downloade ich mir später von der Website des Deutschen Wetterdienstes. Den Rechner hochfahren, die Mails durchchecken, das meiste gleich wegschmeißen. Natürlich nicht den Tchibo-Newsletter. Dann ist erst mal wieder LIVING angesagt. Oder Gardening. Lawn-Shaping einmal die Woche, zwischendurch gucken, wie's wächst. Um elf kommt das gelbe Auto. Tchibo-Newsletter in der Print-Version, Country-and-Garden-Katalog, Pro Idee-Sektflaschenverschlußspezialprovider, Dr. Theissen Finance-Consult (»Investieren Sie jetzt in ein hochmodernes Klärwerk inmitten der schönen Niederlausitz«), eine Frau aus dem Dorf bietet auf Handzetteln »Feng-Shui mit Trockenblumen« an (zusätzlicher Erdstrahlen-Check-up des Schlafzimmers nach Vereinbarung). An der Gartenpforte klingelt ein Mann in weißem Hemd und Krawatte (mitten beim LIVING): »Haben Sie Interesse an einer Vorführung mit Hausstaubmilben?« Sicher! Wo ich schon nicht bei Roncalli war. Der Mann weigert sich beharrlich, mit mir über Jesus zu diskutieren, und packt den Milbenrüssel wieder ein. In Deutschland wird es Mittag: Spaghetti al pesto, geschredderte Rauke mit Yuppie-Essig, dazu ein Viertel Pinogridscho. Der eisgekühlte Italiener läßt das IKEA-Glas in der Mittagssonne beschlagen. After-Food-

Chillen! Liegestuhl in die Sonne, zwischendurch etwas abkühlen (Gardena-Garden-Shower 19,80 DM im OBI-Markt). Nachdenken über ein neuartiges Gerät aus dem Pro-Idee-Katalog: »Der elektronische Adler hält lästige Vögel fern. Raubvogelgeräusche mit Bewegungssensor. Birdchaser für nur DM 129,–.« Oder den Rattenwombler mit Ultraschall, den ionengesteuerten Insektenwizard? Advanced LIVING ist nicht easy. Nach dem Chillen müssen die Kontoauszüge abgeheftet werden – eine Mördermaloche! Drei neue SMS, eine ist für die Abendgestaltung verwertbar. Working lohnt sich irgendwie nicht mehr. Ist schon halb vier. Die heimlich gemachten Photos vom Milbenprediger fliegen wieder runter von der Festplatte: aus Versehen die Kamera auf »Blümchen« gestellt. Vier Uhr, ich ziehe die Armbanduhr auf für den Abend. Halb fünf. Ein Espresso, zwei Zigaretten. Sechs Uhr. Shower, jetzt aber indoor. Mist, da liegen ja immer noch die ganzen Kontoauszüge rum! ALTRUISTE von Paco Rabanne, das Probecouvert klebte in der Men's Health beim Urologen. Leichtes Sommeroutfit, in die neue Bar oder den Biergarten. Dating. Dann aber auf jeden Fall noch etwas LIVING nach dem anstrengenden Tag.

DIE SCHNAUZE VOLL IN ZWANZIG GÄNGEN
Menüs

Wer bei »Menü« immer noch an eine mehrgängige Speisenfolge mit Leib und Seele befriedigendem Charakter denkt, dem ist es gelungen, sich vor den Wirrnissen der Moderne herumzudrücken. Im Reich der Bekloppten ist ein Menü die Sackgasse durch ein Labyrinth bescheuerter Fragen. Das Handy, Universalinstrument der täglichen Umnachtung, hat die Menüsteuerung auch rechnerresistenten Bevölkerungsgruppen nahegebracht. »Wenn Sie Reiseinformationen wünschen, drücken Sie bitte eine Eins«, wer hat diese behämmerte Frage nicht schon mal gehört, wenn er z. B. die Telephonauskunft anruft und alles andere wünscht, nur keine Reiseinformationen. Auch die städtischen Dienststellen, Ausgeburten der Servicefeindlichkeit in diesem Lande, bemühen sich, den Anschluß an den Wahnsinn nicht zu verlieren. Erst jüngst rief ich bei der KFZ-Zulassungsstelle an, um mir fernmündlich deren okkulte Öffnungszeiten sagen zu lassen. Es meldete sich jedoch nicht einer der diensthabenden Pullundristen, sondern Freund Ansageautomat mit der überraschenden Frage nach meinem Begehr. Nun gehört es zum Wesen des Menüs, daß man niemals tatsächlich antworten darf, sondern sich unter einer Reihe vorgegebener Antworten die am wenigsten bescheuerte aussuchen muß. In meinem Falle: »Wenn Sie etwas über die vorbildliche Radwegepolitik des Landkreises Schaumburg erfahren möchten, dann drücken Sie eine Eins. Wenn Sie ein KFZ anmelden möchten, dann drücken Sie eine Zwei, und wir verbinden Sie automatisch mit der Firma Strothkötter, die das für Sie gegen eine Gebühr von DM 195 gerne erledigt ...« usw. Natürlich wurden die Öffnungszeiten nicht erwähnt, weil das womöglich den Ertrag des braven Mittelständlers Strothkötter schmälerte, und natürlich wurde man auch automatisch auf eine 0190er-Nummer geschaltet, weil das den Ertrag der Kommunalkrampe steigert. Entnervt legte ich nach 6,37 Mark Gebührensaldo auf und beschloß, das Auto einfach gar nicht umzumelden. Wer kein Autofahrer ist, sondern sich dem gleisgebundenen Verkehr anvertraut, der darf die Erfahrung des Herumirrens im Menü auf besondere Weise genießen. Seitdem die Fahrscheinautomaten für den Fernverkehr den Muffelkopp hinterm Schalter ersetzen, lockt auch hier ein Menü den eiligen Fahrgast auf einen Weg ohne Wiederkehr. Nölige Fragen nach Bahncards, Kleingruppen- und Wochenendtarifen, zuschlagspflichtigen Expresszügen oder EuroNight- resp. Metropolitain-SonderzuschlagsExtravergünstigungen halten einen so lange in Atem, bis sogar der verspätet eingetroffene Zug abgerauscht ist. Mit dem Verschwinden der hinteren Zugbegrenzungsleuchte überm Horizont spuckt der Blechbeamte endlich acht Zettel aus, einer davon ist der Fahrschein mit dem witzigen Aufdruck, daß er nur für den abgefahrenen Zug gegolten habe und gegen Umtausch oder gar Erstattung immun ist. Das Menü ist die größte Idiotenleistung der modernen Verwirrung. Um das zu begreifen, stelle man sich vor, der Standesbeamte würde nach Menüsteuerung funktionieren: »Wollen Sie heiraten? Bei Ja, wählen Sie eine 1! Wollen Sie eine Frau heiraten und sind selber ein Mann? Option 2. Wollen Sie eine Frau heiraten, sind selber auch eine Frau? Option 3. Wollen Sie einen Mann heiraten und sind selber eine Frau? Option 4. Wollen Sie einen Mann heiraten und sind selber ein Mann? Option 5. Wollen Sie sofort heiraten, am gleichen Tag oder wenn Ihre Braut über 16 ist? Wenn Eins, wählen Sie dazu das Untermenü Pädophilie, Sie werden dann direkt mit einer Beratungsstelle blablaba.

Rowenta

– Du, ich denk' grad' so nach –, was hältst du von »Rowenta«?
+ Na bravo, und das aus dem Mund einer sogenannten Feministin. Bravo Schatz, unsere Tochter heißt Rowenta, hahahaha, warum nicht gleich »Moulinette«?
– Och ne, französische Namen sind zur Zeit gar nich so in.
+ Na, dann eben »Bauknechta« oder »Seppelfricka«, huharharhar.
– Sag mal, kommst du noch klar? Was soll der Scheiß: »Seppelfricka«?
+ Schatz, Rowenta ist ein Küchengerätehersteller und kein Mädchenvorname, das wollte ich mit meinen Beispielen andeuten. Und ich denke, wir sollten unsere Tochter nicht nach einem Toaster oder Waffeleisen nennen.
– Du spinnst doch. Rowenta ist die Tochter des Don Giovanni in der Oper »Der Ring der Nibelungen« von Emilio Puccini. So, da hast du's. Banause.
+ Aha, wieder was gelernt. Und Hormocenta ist die griechische Göttin der Dreifaltigkeit, Frau Oberstudienrat.
– Das stimmt doch gar nicht. Hormocenta ist 'ne Faltencreme, Blödmann.
+ Schau an, Madame beginnt zu begreifen. Vielleicht hätte Madame auch einmal die Güte, auf den Toaster dort hinten zu schauen und die Marke laut vorzulesen.
– Krups.
+ Was?
– Krups.
+ Dann guck meinetwegen auf's Bügeleisen.
– Siemens.
+ Der Eierkocher.
– Wir haben keinen Eierkocher.
+ Auf den elektrischen Dosenöffner, los, los.
– ÄG!
+ A. E. G., wenn schon. Verdammt, es muß doch irgendein Gerät von Rowenta in diesem Haushalt geben.
– Sag' mal, spinnst du?
+ Hier, ich hab's, der Mixer, hier lies, da steht's: »Rowenta«. Lies es, los!
– Ja, Rowenta, na und?
+ Siehst du jetzt, daß »Rowenta« der Name eines verdammten Küchengerätes ist und kein Mädchenname?!
– »Mercedes« ist auch der Name eines Autos und trotzdem ein Frauenname, Idiot.

TOTE FAHREN KEINE CABRIOS
Alt und jung

Der Mümmelgreis ist tot. Alte Menschen hocken nicht mehr im Ohrensessel und kauen auf der Felge, sondern verdingen sich als Unternehmensberater oder buddeln im Pazifik nach versunkenen Schätzen. Dabei sind die Neuen Alten nur die Vorreiter einer insgesamten Verwirbelung aller Lebensalter. Frauen bekommen mit 40 ihr erstes Kind, Frührentner Lafontaine prahlt mit dem selbstgebastelten Dreikäsehoch. Auch an der Jugend geht das Durcheinander nicht vorbei. Völlig überfordert hampeln Tausende von ihnen als Erwachsenendarsteller in den Medien herum. Sie können noch nicht sprechen, geschweige denn denken, haben von nichts eine Ahnung, dafür aber eine komische Frisur. Reihenweise werden sie um ihre Jugend betrogen und als faltenfreies Kamerafutter verheizt. Andere gründen dauernd E-Commerce-Firmen und gucken den ganzen Tag Buchstabenfernsehen. Die Leiden des jungen Werther finden heute in der Bandscheibe statt vom zu vielen Rumgesitze. Nie war der junge Mensch so erwachsen wie heute und der Alte so durchgeknallt. Der eine verlegt den Herbst des Lebens freiwillig in die 20er, der andere startet mit 70 in den vierten Frühling. 60jährige lassen sich zwischen den künstlichen Hüftgelenken entsprechend befruchten, der Beamte geht mit 50 in den Ruhestand und fängt ein Studium an. Sind hier eigentlich alle verrückt? Nein? Was treibt denn so die »Mittlere Generation« heutzutage, die »Männer in den besten Jahren«, die »reiferen Frauen«? Alles nicht so einfach! Einige starren wie hypnotisiert auf die verwelkende Körperhülle, andere lecken die Wunden aus verkrachten Beziehungen und peppeln den daraus entstandenen Verhütungsschaden hoch. Alle sind verschuldet, beruflich im Dauerstreß, haben schlechten Sex mit Unbekannten oder dem Kollegen aus dem gemeinsamen Bauherrenmodell. In ihrer Freizeit denken sie nach über so hocherotische Themen wie »Altersvorsorge« oder »Staatliche Förderung von Brennwertkesseln«. Eingekeilt zwischen der naseweisen Internet-Generation und den mopsfidelen MallorcaRentnern, führen sie ein freudloses Dasein am Rande irgendeiner Behandlung. Als sie jung waren, gab's noch kein Internet zum Drinrumspielen, und wenn sie alt sind, gibt's keine Rente mehr zum Verjuxen. Schöner Mist! Was ihrer Generation bleibt, ist die gute alte MidlifeCrisis. Männer Mitte 40 vögeln sich rund ums Abitur – Frauen auch! Es regiert das »Noch-mal-wissen-Wollen«. Menschen, die nur zehn Jahre älter sind als Sie selbst, erscheinen wie eine fremde Rasse aus der Welt der Treppenlifte und Gebißreiniger. Anbiedernd sucht man die Nähe der 20 Jahre Jüngeren, treibt den Tretroller durch die City und stylt den Body in der Muckibude. Älterwerden ist nicht existent, das Leben versickert im Hier und Jetzt. So vergeht Jahr um Jahr, und irgendwann kommt der Brief von der LVA. Alles ganz prächtig, so gesehen. Jede Generation hat ihr Päckchen zu tragen, auch wenn sie immer öfter die Annahme verweigert. Doch halt: Was machen eigentlich die nicht mehr jungen, noch lange nicht alten und auch nicht mittleren Menschen um die 30? Keine Ahnung, womöglich wird dieses Alter heutzutage einfach übersprungen.

JÜNGSTES GERICHT MIT TOAST
Auferstehung

Der schlimmste Teil des Tages ist der Wiedereintritt in die Erdatmosphäre, wenn die Träume verglühen und die Illusionen der Nacht auf dem Boden der Tatsachen zerschellen. Hartgesottene lassen sich durch mechanisches Gerassel oder Elektrogefiepe in die Realität zurückbeamen, schnaufen einmal und stehen dann kerzengerade unter dem eiskalten Wasserstrahl. Für uns Weicheier beginnt der Tag mit dem ersten Selbstbetrug: Niemals würden wir um 20 nach sieben aufstehen, frühestens um fünf vor halb acht. Dazwischen liegen zwar nur ein paar Minuten, aber das erste klingt nach brutaler sieben, das zweite nach versönlicher acht. Wenn wir uns richtig bescheißen wollen am frühen Morgen, dann spielen wir das Nur-noch-fünf-Minuten-Spiel, drehen uns um und schrecken eine halbe Stunde später aus dämmrigem Halbschlaf. Zwei verschiedene Socken, mit Deo oberflächlich versiegelter Schlafgeruch und ein Knoppers in der U-Bahn sind das Resultat des mißlungenen Starts in den Tag. Richtig heftig wird's mit dem Aufstehen, wenn wir leichtsinnigerweise eine Flugreise gebucht haben. Dafür muß man sich grundsätzlich um halb vier aus dem Bett schälen: zu kurz zum Schlafen, zu spät zum Aufbleiben. Gibt es überhaupt einen versöhnlichen Weg zurück aus dem Schlaf? So wie damals, als wir Kinder waren und Geburtstag hatten. Schon beim Zubettgehen fieberte man dem Morgen entgegen und war heilfroh, wenn sich der Zeiger endlich auf sechs Uhr zubewegte. Heute gibt es nichts, was einen unter dem Plumeau hervorlocken könnte. Die einzigen Reize des Erwachsenenlebens liegen entweder auch im selben Bett oder können warten. Ansonsten lauert außerhalb des Schlafraumes nur die schnöde Welt mit ihren Ansprüchen und Terminen. Wer will da schon hin? Und was müssen das für Perverse sein, die sich täglich voller Gier in den Trubel stürzen und dafür ihren Freund, den Schlaf, durch eine kalte Dusche verraten? Ich fürchte, diese Menschen schaffen es später auch nicht, anständig tot zu sein. Es ist auch genau das, was mich an der christlichen Heilslehre immer gestört hat: dieser behämmerte Glaube an die Auferstehung. Um Gottes willen, das ist ja dann genau wie hier unten. Kaum ist man sanft entschlummert, rasselt der Wecker und man sitzt ungeduscht, ohne Frühstück im Bus zum Jüngsten Gericht. Nä, da verzichte ich auf das ewige Leben, glaube lieber an den ewigen Schlaf und dreh mich noch mal um im Sarg.

Uwe

– Manchmal sehne ich mich nach der Einfachheit früherer Vornamen. Müssen denn alle heute Maximilian oder Nebukadnezar heißen? Reicht da ein »Uwe« nicht auch?
+ Nebukadnezar klingt in der Tat wie die Katze aus der Sheba-Werbung, aber muß man denn gleich zum »Uwe« greifen?
– Was hast du denn gegen »Uwe«?
+ Nichts, außer daß es klingt wie der Rülpser eines wiederkäuenden Watussirindes.
– Nun bitt' ich dich aber!
+ Uuuuwwwüüüüühhhh! Uuuuuuuwwwwüüüüüühhhhh!
– Laß es!
+ Uuuuuwwwwwüüüüühhhhh!
– Du sollst es lasseeeen!
+ Hören Sie heute in unserer Sendung »Magengeräusche dieser Welt. Teil 5: Das Aufstoßen des Watussirindes.« Uuuuuuwüüüüühhhhh.
– Jetzt reicht es aber mit dem ewigen »Uuuuwüüüühhhhhh«. Ich find' den Namen auch gar nicht mehr so gut. Mir gefällt »Jörg« eigentlich auch viel besser.
+ Guten Abend, meine Damen und Herren. Schön, daß Sie wieder eingeschaltet haben zu »Magengeräusche dieser Welt Hören Sie heute Teil 6: Das Hochwürgen beim Malayischen Wasserbüffel.« jjjjüüüüüööööörkkkkkk jjjüüüüüüüöööörrkkkkk.
– Laß eeeesss.

JUPPHEIDI, JUPPHEIDA
Der Euro, der ist da

Ich wollte es ja nicht glauben: Da hatten sich tatsächlich Millionen Bekloppter Ende 2001 in *noch* eine Schlange angestellt, um sich ein sogenanntes Euro-Starterset zu besorgen. Wozu? Eine Woche später gab's den Gammel an jeder Ecke, und billiger war's vorher auch nicht. Die Münzensammlung wurde auch nicht in einer samtenen Schatulle überreicht, sondern in einer pissigen Plastiktüte. Was trieb den Teutonen da an die Bankschalter? Ich glaube, der Deutsche findet Währungsreformen einfach geil, nach ein paar Jahrzehnten ist er das doofe alte Geld endgültig leid und muß was Neues zum Spielen haben. Anders als in Frankreich oder England gab es in Deutschland seit jeher eine Unmenge verschiedener Währungen: der hessische Toilettengroschen, das bayrische Wucherpfund oder die pommersche Kurtaxe – in allen Teilen des zerschossenen Reiches wurde über Jahrhunderte anders bezahlt. Endlich, 1873 kam die kaiserliche Goldmark, dann 1919 die Reichsmark und zum Schluß 1948 die Deutsche Mark, wenn man mal von der AluMark aus der Zone absieht. Nach ein paar Jahrzehnten hat der Deutsche aber immer die Schnauze voll von der alten Währung und will eine Neue, jetzt also den Euro. Der ist superklasse, weil er doppelt soviel wert ist und man wieder ohne Reue einkaufen kann: Für das Pils an der Theke muß man keinen Schein mehr zücken, und im Puff fällt der Schlüpfer für den halben Kurs. Und schwuppdiwupp, bevor sich der Bekloppte an die neue Währung gewöhnt hat, ist er schon pleite oder hat sich an dem pseudobilligen Pils totgesoffen respektive an der Halbpreisnutte den Brägen weggevögelt. Der Euro wird eine Schneise der Verwüstung durch die labilen Gemüter der Republik schlagen. Die PISA-Studie hat es ja ans Licht gebracht: 50 % der Schüler können gar nicht aus dem Kopf mit 1,955 malnehmen, oder noch schlimmer ab jetzt mit 0,5115. Da sind sie den neuen Preisen hilflos ausgeliefert, denn die Referenzwährung in der konservativen Rübe bleibt natürlich die nächsten Jahrzehnte immer noch die Mark. Alte Leute haben bis vor kurzem die Gebißreinigerpreise im Geiste noch in Taler umgerechnet, damit sie im Supermarkt zurechtkamen. Und die haben noch eine klassische Prügelerziehung genossen. Unsere komplett verblödete Jugend wird kaum in der Lage sein, während ihres bedauernswerten Lebens – oder soll ich gleich Vegetierens sagen – die Euro-Umstellung rein intellektuell nachzuvollziehen. Macht aber nix, da merken sie jedenfalls nicht, wieviel Mücken sie in Wahrheit an den gefräßigen Staat abdrücken müssen. Die Kriegsgeneration jedenfalls freut sich, daß es jetzt den Euro gibt: Zum ersten Mal seit 1942 kann man wieder durch Europa reisen, ohne an jeder Ecke Geld umzutauschen. Zum Schluß siegt eben doch die Vernunft. Und das Brandenburger Tor steht ja auch wieder hinten drauf auf den neuen Münzen, genau wie damals. Prima, prima: Ostern sitzen wir wieder auf den Champs-Élysées und bezahlen mit deutschem Geld. Ach, schade, daß Ernst Jünger das nicht mehr erleben durfte.

KNOCKIN' ON HEAVEN'S DOOR
Bob Dylan on tour

Ist er schon tot, oder gibt er hier gerade live den Löffel ab?, frage ich mich, als das verhutzelte Männlein auf die Bühne schleicht. Pünktlich um zwei Minuten nach acht hatte die Combo zu schrammeln angefangen, und das mußte den greisen Sängerknaben irgendwie aufgeschreckt haben, denn nun stand er da am Mikrophon und versuchte sich zu erinnern, wo und wer er ist und was er hier machen soll. Singen und Klampfen, schnellte es plötzlich durch seinen Cortex, und das Fossil saugte Luft ein. Mit dem herausströmenden Atem wurde ein Geräusch erzeugt, das nicht mal in der Lungenheilanstalt als Gesang durchginge. Wie eine waidwund geschossene Nebelkrähe heiserte das Männlein Phrasen in die Luft, die sich nur selten mit der geschrammelten Melodie paaren wollten. Armer alter Mann, wer hatte ihn gezwungen, dieses unwürdige Schauspiel hier abzuliefern? Ganz schlimm wurde es aber erst bei den Klassikern des Protestgesangs, und bei »Like a rolling stone« mußte ich den Saal verlassen. Da war nichts Trotziges mehr zu spüren, da kämpfte ein altes Schlachtroß gegen den Bolzenschuß – vergeblich. Mit einem konsequenten Haß auf das eigene Lebenswerk fidelte Methusalix mit seiner Kapelle das Konzert in Grund und Boden. Und wenn Gekrähe und Gezupfe nicht ausreichten, um eine einstige Hymne zu zerstören, holte Opa seine treue Mundharmonika aus der Hosentasche und jaulte los wie eine Katze, der man auf den Schwanz getreten hat. Jeder Schimpanse, der zum ersten Mal das Instrument in Händen gehalten hätte, wäre besser damit fertig geworden. Wie sehr muß man eigentlich sich selber und sein Publikum hassen, um solche unwürdigen Tode auf der Bühne zu sterben? Aber mit der Zeit konnte ich Opa verstehen, dieses Publikum würde ich auch hassen. Kein Stück hatte eine Chance, dem Jubel der Menge zu entkommen. Eine Bob-Dylan-Coverband aus Burundi hätte sich das musikalische Gemetzel nicht anzubieten getraut, das der greise Maestro hier selbst anrichtete. Aber es half nichts: Frenetisches Jubilieren, trotziges Wackeln mit den schwammigen Hüften: Der wahre Fan läßt sich seinen Spaß nicht nehmen. Um halb zehn ist Schluß mit Lustig. Opa kriecht von der Bühne, doch zu früh gefreut: nach ein paar Minuten ist das Männlein wieder da und foltert die Menge mit einer Stunde Zugabe. Und als das vorbei war, da habe ich ihn verstanden, den großen alten Mann des Protestliedes. Tut doch bitte nicht so, als ob man für zwei Stunden Woodstock als Instantpackung zurückholen kann. Und das weise Männlein muß es gewußt haben. Und ich wußte es dann auch: Bob Dylan ist auf der Bühne auch für dich gestorben. Friede seinen Liedern.

EXPEDITION INS INNERE DES SCHLÜPFERS
Besuch beim Urologen

Ich geh' zum Urologen, Hauptuntersuchung nach 50 000 km. Sprechstunde Mo – Fr, außer Di., Mi., Do., vorm. 10 – 13 Uhr, na. n. Vereinb. Macht sich auch nicht gerade kaputt, so ein Riemenkundler. Zweiter Stock, erste Tür links, daneben wirkt ein HNO-Scherge, schräg gegenüber haust der Proktologe – alle Körperöffnungen auf einer Etage, wie praktisch. Klingeling, ich schell' beim Eiermann. Ein blutleeres Azubi-Weibchen öffnet die Pforte zur Praxis, die aussieht wie eine Revierförsterei – überall glotzen ausgestopfte Tiere von den Wänden. Wer weiß, vielleicht sind das die Nachtmare der Prostatakranken. Doktor Mittenwald sieht auch aus wie der Förster einer ZDF-Vorabendserie, seltsamerweise führt er keine Deutsch-Langhaarhündin am kurzen Schweißriemen. In seinem Besprechungszimmer kauert das nächste Rudel Wildbret und starrt mich an wie einen impotenten Hamster. Auf dem Schreibtisch steht eine Phalanx urologischer Fachliteratur, die den Patienten wohl so weit einschüchtern soll, daß er keine Widerworte gibt: »Unheilbare Fimose Band 1, Morbus Priapus – Elektroschocktherapie mit Bordmitteln, Letale Genitalräude bei Althumoristen ...« Spätestens da fährt mir der Schreck in die Glieder, genauer gesagt in den Singular. Damit ich aber gar nicht erst auf den Gedanken komme, das ginge mich – Gott sei Dank – nichts an, führt der Genitalförster in meiner Gegenwart noch ein Telephongespräch mit der Gattin eines Penispatienten. Darin beschimpft er den Gebeutelten als Schlappschwanz und

Weichei, er, der sich nicht mal traue, selbst anzurufen, sondern seine Gattin vorschicke, um den Termin abzusagen. Da solle er – der Gebeutelte – doch seine Nillenfäule bitte schön bei einem Kollegen kurieren lassen. Und knallt den Hörer auf die Gabel. Hossa, da wird aber scharf geschossen. Des Rätsels Lösung: bei dem Entbeutelten handelt es sich um einen Kassenpatienten. Ach so! Nä, dann ist alles klar. Förster Mittenwald ist geladen und hat zu seinem Lieblingsthema gefunden: die Verelendung der Ärzteschaft durch die Gesundheitsreform. »Wissen Sie, was mir so ein durchtrennter Samenstrang bringt?« Nä, wußte ich nicht. »29 Mack 80! Dafür hol' ich nicht mal mein rostiges Taschenmesser raus. Sollen sich diese Brüder doch meinetwegen in der Klinik die Strippen durchreißen lassen. 600 Mark das Bett pro Tag. Mir ist das egal. Wenn mir das hier alles nich' mehr paßt, dann stell' ich mich drei Tage ans Fenster und glotz' auf den Parkplatz. Berufsunfähig! Fertig ist die Laube. Ich bin damit durch. – Wollen Sie sich etwa auch vasektomieren lassen? Na, was soll's, heute ist mir sowieso alles egal, legen Sie sich mal hier rüber, das mach ich Ihnen schnell.« Ich hatte diesen Mann sofort in mein Herz geschlossen: der Urologe von Stalingrad. Konsalik hätte seine Freude an ihm gehabt. Jeglicher homoerotischer Neigung völlig unverdächtig, führte er hier ein knallhartes Regiment, und schon auf Andeutung griff er beherzt zur Klinge. Das konnte ich ihm allerdings gerade noch ausreden, wo ja überhaupt das »Vorgespräch« Anlaß des heutigen Besuches war. Inhalt des »Gesprächs« war aber dann sein Zeigefinger, den er mir ohne großartige Anmoderation während der Genitalbeschau in den Arsch rammte. »Wen ham wir denn da? Sieh an, die Prostata.« Nach allem, was ich noch von meiner Musterung wußte, konnte ich ihm nur recht geben.

»Leicht vergrößert, aber das tut nix zur Sache.« Wann würde der Förster endlich wieder seinen Finger aus meinem Arsch ziehen? Wie's schien vorerst nicht. Statt dessen rieb er mir einen Objektträger unter die Eichel und sammelte ein Tröpfchen Flüssigkeit, das er augenscheinlich durch seine Rektalmassage erzeugt hatte. »So, das hätten wir, sie können sich wieder anziehen.« Puh, ich sag es dir, der Andersrumme hat's auch nicht leicht. Hose hoch, Wiedersehen. »Machen Sie mal einen neuen Termin vorne.« – Jessas Maria, warum dürfen Männer mit so langen Fingern Urologe werden? Ich machte meinen Termin und verpisste mich (genialer Wortwitz!).

Der neue Termin war am Freitag, weil freitags immer abgespritzt wird in der Jägerstube des Försters (»die Schweinerei will ich hier nicht jeden Tag haben«). Schon im Vorfeld war ich sehr gespannt auf die Abspritzräumlichkeiten in der Praxis Mittenwald. Wilde Storys ranken sich um den Mythos des Masturbationsraumes. Auf 3SAT und Arte hab ich Dokumentationen gesehen über Eltern mit Kinderwunsch, in denen sich die prospektiven Väter in zugigen Toilettenkabinen einen abschütteln mußten, während andere Masturbanten schon ungeduldig an der Klotür hämmerten. Die Sage berichtet aber auch von schwülstigen Kemenaten mit erotischer Auslegeware (Playboy, Hustler, Supertitten-Illu), ja sogar von dargereichten Gummibrüsten und Seemannsbräuten wird erzählt.

Nun, der Masturbationsraum von Oberförster Mittenwald war da von anderer Gestalt. Ganz eigentlich handelte es sich um die Abstellkammer hinter seinem Sprechzimmer. Für polymorph Perverse, die sowohl auf leere Kartons als auch auf versiffte Waschbecken stehen – ein Serail. Für den ganz normalen Durchschnittsonanisten war es – ich beschönige hier mal etwas – eine

Herausforderung. Erschwerend mag hinzugekommen sein, daß der Anblick eines ausgestopften Warzenschweinkopfes selten bei mir zu einer Spontanerektion führt. Da stand ich nun mit meinem Sektglas (»hat noch keiner vollgekriegt, huharhar«) und blickte in dem trostlosen Gelaß umher, ohne etwas halbwegs Erotisierendes zu entdecken. Bei heraufziehender Verzweiflung schaute ich schließlich durchs Fenster auf den Parkplatz hinaus – wer weiß, so log ich mir die Wirklichkeit zurecht –, vielleicht geht Sandra Bullock gerade in den Penny-Markt gegenüber zum Einkaufen. Was dort allerdings übers Verbundpflaster schlich, war »definitely unpoppable material, if you know what I mean«. Blick zurück in Doktor Mittenwalds Präparatorenstübchen und mit dem Mut des Verzweifelten trotzte ich dem halberigierten Penis eine Ladung Spermien ab. In der Tat bilde ich mir noch heute etwas darauf ein. »If you can make it there, you can make it everywhere.« Hose von halb acht auf zwölf Uhr geliftet und mit dem Sektglas zur Bedienung. »Nehm'se mal solange im Vorraum Platz, das Zeug kommt in den Brutschrank.« An sich wollte ich die Kinder nicht gleich mitnehmen. Da hockte ich nun im Vorraum und blickte einem ausgestopften Elch in die gebrochenen Lichter. Mit mir saßen da noch ein höchstens 20jähriger Jungbeschäler und ein 78jähriger Deutschafrikaner mit geteiltem Strahl. Während wir still vor uns hin sinnierten, hörte man aus den anderen Behandlungsräumen die Anweisungen des Schrittmachers an seine Sprechstundenhilfen. Die eine war ca. 104 Jahre alt, die andere Anfang 20. »Opa Kleinschmidt hat zwei Liter Tee intus, kann jetzt abregnen. Passen Sie auf, daß nichts daneben geht.« Geradezu vorbildlich der Datenschutz in der Försterpraxis. »Wissen Sie, wer das ist?«, trat Doc Mittenwald plötzlich auf mich zu und wies

auf die greise Dunkelhaut zu meiner Rechten. Dabei summte er einen bekannten Schlager aus den Fünfzigern. Richtig, da gab es doch mal einen mit Gamsbart und Lederhose. »Muß morgen vier Wochen auf die MS Europa, Alleinunterhalter und hat die Nille nicht in Ordnung. Feiner Kerl, hat eine ganz liebe Frau. Geb' ich ihm eine Packung mit, dann hat er Ruhe die vier Wochen.« Im Weggehen summt er noch einmal den bekannten Schlager aus den Fünfzigern. Großartig, dieser unverkrampft ursprüngliche Umgang mit persönlichen Patientendaten. Da wurde ich ins Labor gerufen: »Gucken Sie sich den Kram mal an.« Was ich dort unter dem Mikroskop zu sehen bekam, waren jedoch nicht die eigenen Spermien, sondern die von dem trübsinnig dreinblickenden Jungbeschäler auf dem Flur. »Gerade mal 20, das Bürschchen, da bewegt sich fast gar nichts mehr, Tschernobyl, enge Hosen, Fast food, aus die Maus.« So steht's also mit unserer nachwachsenden Jugend, ein Bild des Schreckens stieg vor meinem geistigen Auge auf: leere Rentenkassen, verwaiste Spielplätze, arbeitslose Drogentherapeuten. Sah so unsere Zukunft aus?
»So, und nun werfen Sie mal einen Blick hierauf.« Vermutlich handelte es sich hier um meine eigene Spermienprobe. Ich war nur etwas irritiert, weil er sie mir zeigte und keinem anderen Patienten. »130 Millionen, kann ich Ihnen so schon sagen, da hab' ich einen Blick für, und alle aktiv – jahrelange Erfahrung. Da brauchen Sie nur die Hose abends an den Bettpfosten hängen, und Ihr Bettlaken wird schwanger.« Beim anschließenden Gespräch im Warzenschweinnebenraum erläuterte er mir noch kurz die alte Rivalität zwischen Urologen und Gynäkologen: »Die Pflaumenpriester schieben ja alles auf die Männer, die sollen lieber sehen, wie sie ihre Tanten flottkriegen. Haben ja

keine Ahnung, Sie glauben gar nicht, wieviel ich von den Brüdern kenne mit Alkoholproblemen. Ja was denn, die arbeiten am lebenden Material, das ist doch nicht in Ordnung. Es folgte noch ein kleiner Exkurs über die Freuden des Samenspendens: »Blond, blauäugig, prima bewegliches Material, da könnten Sie mal für mich tätig werden.« Der Hinweis auf meine eher seltene Blutgruppe AB bewahrte mich allerdings vor weiteren Masturbationsgängen im Angesicht des Warzenschweins. Heiter gestimmt verließ ich den San-Bereich an der Nillenfront in der beruhigenden Gewißheit, daß unser Gesundheitssystem noch nicht völlig durchseucht ist von der kalten Apparatemedizin.

Cornelia

– Du! Sach ma du, wie find'ste »Cornelia«?
+ Ziemlich viel Buchstaben für'n Kind.
– Sie wird ja auch mal größer!
+ Klar. Warum nennst du sie dann nicht gleich »Lesbe«?
– Was soll'n das, he? Lesbe?
+ Die Kleine von der RTL-Schraube, die hieß doch auch Cornelia.
– Wenn's danach ginge, kannste deinem Kind ja überhaupt keinen Namen mehr geben.
+ Es gibt Millionen Vornamen, warum ausgerechnet »Cornelia«, kannst du mir das mal verraten? Den Namen einer lesbischen Damenbinde ...
– Camelia!
+ Was?
– Die Damenbinde heißt »Camelia«.
+ Ist das wahr? Mit oder ohne Filter? Haha.
– Sehr witzig!
+ Jedenfalls find' ich den Namen völlig indiskutabel. Du kannst einem jungen Menschen nicht so eine Bürde aufhalsen, das kannst du einfach nicht bringen.
– Ich fänd's gar nich mal so schlimm, wenn unser Kind lesbisch wär'.
+ Aber man muß es doch schließlich nicht herausfordern, oder?
– Da kannst Du sowieso nichts dran machen, neueste Forschungen aus Amerika haben bewiesen, daß Homosexualität genetisch verankert ist, so sieht's nämlich aus.
+ Gut. Dann nennen wir unser Kind eben »Cornelia« und wenn's ein Junge wird und das sowieso alles egal ist, nennen wir ihn »Schwulinski«. Und warten ab, was passiert.
– Manchmal glaub' ich, du nimmst das alles nicht ernst.

WIR GRABEN UNS EINEN CHRISTSTOLLEN
Advent, Advent

Anders als der Tod, der in der Regel überraschend kommt, steht der Termin für den anderen großen Schrecken im Leben seit langem fest: Weihnachten. Dennoch reißt es uns jährlich wieder vom Stuhl: Uarrrhhhhhhh, ruckzuck is ja schon Heiligabend. Die letzten warmen Tage sind kaum vergangen, das Zeugs hängt noch an den Bäumen, doch Knecht Albrecht hat schon palettenweise Dominosteine in seinen Verbrauchermarkt gewuchtet. Beim Anblick des ersten Christstollens im Herbst fährt uns regelmäßig der Schreck in die Glieder: Was, schon wieder ein Jahr vorüber! Es kommt mir vor, als hätt' ich gestern noch gegrillt. Ein letztes Mal starten wir den Rasenmäher, nur um das Geräusch des Sommers noch mal zu hören. Alles in der Vorweihnachtszeit riecht nach Vergänglichkeit und Verwesung, jede Kerze im Schaufenster erinnert uns an die eigene, die an beiden Enden brennt. In den Städten sind schon die Baracken für den Glühwein zurechtgezimmert, der Nachbar flicht 200 Meter Lichterkette durch die immergrüne Krüppelflora. Es ist wie die Vorbereitung zu einer gigantischen Beerdigung. Wieder wird ein Jahr des Lebens zu Grabe getragen, mit Orgelklang und Leichenschmaus. Das Perfide an dieser Trauerfeier ist nur, daß man sich auch noch freuen soll. Worauf eigentlich? Daß uns ein Heiland ward geboren? Das ist sehr schön für den Kollegen Heiland, hilft uns, die wir die Jahre dahinschwinden sehen, aber nicht weiter. Weihnachten ritzen wir eine weitere Kerbe in den Baum des Lebens, die härtesten von uns lieber gleich in den eigenen Unterarm. Purpurrot tropft das Blut aufs Silberpapier und bildet auch zum Tannenbaum eine schöne farbliche Ergänzung. »Weihnachten auf hoher See« heißt eine beliebte Sendung im Radio, die uns mit dem nassen Tod vertraut machen will. Wie auch immer man seinen Abgang inszeniert, schöner als zu Weihnachten geht es nicht. Alle haben Zeit zwischen den Jahren für die Beerdigung, ja sogar der Wettergott spielt mit und hat den Friedhofsboden frostfrei belassen. Spielverderber ist nur noch die Telephonseelsorge, die seit eh und je versucht, die Dahinscheidenden wenigstens über die Feiertage von ihrem Vorhaben abzubringen. Nur noch kurze Zeit bis es wieder soweit ist, und beim bloßen Gedanken, sich unterm Tannenbaum das Lichtlein auszublasen, überkommt einen eine tiefe Ruhe. Endlich hat man mal was vor über die Feiertage, und selbst der Glühwein verliert seinen Schrecken, da der Leberschaden nicht mehr zur Aufführung kommt. Frohgelaunt streift man durch die Kaufhäuser in der festen Gewißheit, nichts umtauschen zu müssen im Januar. Schon früh sollte man seine Lieben darüber informieren, daß man beabsichtigt, am Heiligabend Hand an sich zu legen. Was auch immer dann geschieht, dem Weihnachtsmann haben wir auf jeden Fall die Schau gestohlen.

BRÜDER UNTERM BOLZENSCHUSSGERÄT
Mastvieh

Es wurde heiß in der gemischten Fauna. Vorerst nur im schnöden Albion brannte die Heide und mit ihr das ein oder andere Hunderttausend Gefangene aus den Buchten und Koben. Doch dies war erst der Anfang des schnellen Abschieds von der freßbaren Tierwelt. Solange Sibirischer Tiger und Pandabär den Arsch zukniffen, verschreckte es bestenfalls die Sensibelchen. Nun hatte auch das Nutzvieh keinen Bock mehr, den verwarzten Planeten mit uns zu teilen. Konnte man es ihm verdenken? Das Zeug, das man früher Luft nannte, ist ein Gemisch aus Autoabgasen und Rinderfürzen, die Gegend da drunter mehr oder weniger Gewerbegebiet. Da sagt sich doch der mündige Großsäuger: »Wißt ihr was, ihr Superschlauen, wir machen jetzt hier den Sittich, und wenn ihr andere fressen wollt, dann schiebt euch doch den Tamagotchi in die Röhre.« Und so fing das Elend an: Vor ungefähr einer halben Million Jahre hatte der Hominide keine Lust mehr auf Müslipflücken und ging Tiere packen. Auch wohl deshalb, weil hier auf der garstigen Nordhalbkugel müslimäßig im Winter das Licht ausging und andere Nahrung besorgt werden mußte. Die Jagd an sich ist als Freizeitspaß vielleicht eine Wucht – zumal die mitgeführte Gefährtin auf dem Ansitz befingert werden kann –, als Broterwerb jedoch eine harte Fron. Drum überlegte sich der Homo sapiens irgendwann, das Viehzeug unter Aufsicht zu stellen. Immer wenn er Hunger hatte, ging er nun auf den Hof, semmelte dem Gezähmten eins über den Brägen und machte sich die Leiche warm. Dies war der Zeitpunkt, an dem der Mensch die Ehrfurcht vor den Kollegen aus der Fauna verlor. Wer so doof ist, sich ohne Gegenwehr abmurksen zu lassen, den kann man nicht mehr ernst nehmen. Und mit der Viehzucht entstand der Rassismus in der Tierwelt: auf der einen Seite Bambi und Lassie, auf der anderen die blöde Kuh und das dämliche Schwein. In all den tausend Jahren seither ging es eigentlich nur um die Verfeinerung dieses Systems bis hin zu den entseelten Fleischproduzenten unserer Tage. Das Tier als Stapelware vegetiert abgeschottet von der Öffentlichkeit in seinen Verschlägen oder wird des Nachts mit Gefangenentransportern über die Autobahnen geschüttelt. Just dieser Umstand wird nun dem System zum Verhängnis, denn zusammen mit den Säugern reisen auch die Viren durch die Lande. Huckepack auf Schwein und Rind rücken sie in alle europäischen Ställe ein. Und was jahrzehntelange Demonstrationen gegen Viehtransporte nicht geschafft haben, löst sich nun ganz wie von selbst: Bald gibt es nichts mehr zu transportieren, ätsch! Und mit dem sommerlichen Grillen ist es dann auch vorbei. Schon werkeln überall die Food-Designer am neuen Fleisch aus Sojapampe oder hiesigen Feldfrüchten. Doch auf der heimischen Krume wird es eng: Dort weidet schon der PKW und schreit nach Flüssignahrung. So ist das Auto zum Nahrungskonkurrenten Nummer eins geworden, mit dem wir Menschen um die Wette äsen. Das gezähmte Viehzeug brauchen wir jetzt nicht mehr, und die Maul- und Klauenseuche schafft es uns vom Leib. Laßt hunderttausend Feuer lodern und uns die Relikte aus der Steinzeit in den Himmel blasen. Falls wir irgendwann mal sentimental werden sollten, schieben wir vorher noch die Gene in die Datenbank. Den ein oder anderen Schweinestall lassen wir noch als Museum bestehen, doch das Tier als geschundene Nahrungsquelle hat demnächst ausgedient. So schließt sich der Kreis der Menschheitsgeschichte. Nach insgesamt einer Million Jahre Leichenschmaus, und davon zehntausend Jahren Zahme-Tiere-Fressen, betritt der Homo cerealis wieder den Schauplatz der Geschichte. Currywurst und Zigeunerschnitzel liegen im Museum of Modern Arts, und die BIFI erscheint nicht mehr obszön, weil sie aussieht wie ein deckbereiter Hundepimmel, sondern ihres gruseligen Namens wegen. In wenigen Jahren werden wir sagen: »Wißt ihr noch damals die Maul- und Klauenseuche, als überall die Felder brannten und endlich Schluß war mit dem Wahnsinn in den Ställen?« Doch die meisten werden auch den Geschmack eines saftigen Rindersteaks in Erinnerung behalten und sehnsüchtig ans Jahr 2001 zurückdenken, als alles irgendwie noch reparabel erschien.

DIE UNDEUTSCHESTE ALLER JAHRESZEITEN
Sommer zu Hause

Abgeschieden von der Sonne und fern allen anderen Unbilden der Witterung verbringt der Deutsche den Großteil des Jahres unter Tage. Um sich dieses grottenolmmäßige Dasein schönzureden, nennt er die finsteren Orte des Überwinterns »gemütlich«. Während der kurzen Sommermonate jedoch reißt es den Germanen von der Zentralheizung fort, und er prescht ans Licht, um »Sonne aufzutanken«. Der alljährliche Exodus in das feindliche Draußen vollzieht sich in der immer gleichen Abfolge. Zuerst muß einmal die Natur wieder »auf Vordermann« gebracht werden: stutzen, roden, rupfen, absäbeln, totspritzen, pflastern, einzäunen. Dann folgt der erste Outdoor-Event: Abschied von den Winterreifen und Versiegeln der PKW-Oberfläche gegen aggressiven Fliegenschiß. Schon jetzt kann das eigentliche Thema des Sommers »Bier saufen in sengender Sonne« angetrailert werden: drei, vier Flaschen beim Autopolish sind da die übliche Gebindegröße. Deutsche mit einem eigenen Stück Deutschland wuchten in diesen Tagen die Sommerdeko aus dem Keller: schweres Teakholzgestühl aus angeblichem Plantagenanbau, entsprechende Auflagen, Terrassenheizstrahler, Markisen und Sonnenschirme, Kühlboxen mit Fernthermometer. Das alles wird mit Sichtschutzelementen abgeriegelt, damit es draußen genauso gemütlich ist wie drinnen. Hinter den kesseldruckimprägnierten Planken entsteht nun ein eigener Grillkosmos: feuerverzinktes Kohlebecken mit Edelstahlrost, Hähnchenspieß am E-Motor, Fischgrillpfanne mit Fettabtropfer, Zangen, Gabeln und ein Munitionsdepot voller Grillanzünder. Deutsche ohne eigenes Stück Deutschland zieht es verstärkt in die städtische Grünanlage, zumal wenn sie durch einen Alkprovider veredelt wurde. Saufen unter Singvögeln hat so was Naturverbundenes, Unschuldiges und läutet die sommerliche Promille-Wellness ein. Der aktive Teil der Bevölkerung übt sich unterdessen in der Leibesertüchtigung, denn des Deutschen Feind Nummer zwei – nach der Natur – ist der eigene Körper. Der muß gestählt werden, oder wie einst die Pudelfrisur »getrimmt«, damit man vorzeigbar die Bademode präsentieren kann. Bladen, Biken, Powerwalking: Die Pore trieft, die Rübe glüht. Zu lässiger Körperlichkeit ist der Wahnsinnige aus Mitteleuropa nicht imstande, kein Boulespiel, kein Auf- und Abschreiten auf der Piazza, nein, in Stahlgewittern ertüchtigt sich der Stadtpark-Landser. Graureiher und Drittzahnige schleppen sich im Tölt um den Ententeich und wringen das letzte Tröpfchen Lebenssaft aus der Mergelhülle. Der Deutsche macht am liebsten alles mit Gewalt, sonst ist es ja nur »halber Kram«. So erfährt natürlich auch der außerhäusige Biergenuß zum Wochenende eine gefechtsmäßige Steigerung. Unter immer wechselnden Namen reiht sich ein Stadtfest an das andere, verwandelt sich die grüne Lunge der Kommune in deren Leber. Die soldatischen Exerzitien im Sommer sind aber nicht vollkommen, wenn neben Drill und Saufen nicht auch noch was mit Motoren dabei wäre. Cabrios, Classic Cars, Cruiser, Naked Bikes, Trikes, Scooter, Chopper, Rasenmäher und die belfernde Kuh aus Milwaukee, ja, die wollen auch mal raus. Nirgendwo spürt man den Sommer so intensiv wie in der Nähe eines Verbrennungsmotors. Hier existiert sie noch, die ursprüngliche Kraft der Natur, die sich lauthals ihre Bahn bricht – manchmal auch die Knochen. Und so gehört unweigerlich zur warmen Jahreszeit auch der Smogalarm, der die Schwachen zehntet unter der Bevölkerung: die Ewiggestrigen mit dem ungeregelten Kat, die Alten mit der tattrigen Pumpe. Das größte Ereignis aber des ganzen Sommers sind die Staus auf den Autobahnen, wenn in mindestens zwei Bundesländern die Ferien beginnen. An der Grenze zu Österreich und Dänemark vereinen sich die Passionswege der Westfalen, Hessen und Berliner zu 100 Kilometern Hitze, Blech und zugeschissenen Windeln. Die isotonischen Überlebensgetränke aus der Kühlbox sind längst versiegt, die Klimaanlage kämpft aussichtslos gegen die 45 Grad in der Fahrgastzelle, weil Papa immer wieder die Scheibe runterkurbelt, um zu gucken, »was da vorne eigentlich los ist«. Spätestens in diesen Momenten wird der Keim gelegt zum wahren Highlight der heißen Monate: dem Mord an einem Familienangehörigen. Wochen später bringt ein winziger Anlaß das Faß zum Überlaufen. Mama serviert Vattern ein Pils zum Nackensteak, und das sei »schon wieder ein halbes Grad zu warm«, waren seine letzten Worte, bevor das Ausbeinmesser seine Aorta zerteilte.

VOLK DER RICHTER UND HENKER
Deutsche Light-Kultur

Jeder Südfranzose hat was in der Hose, aber unsereiner, der hat nix!« Schon früh reifte diese Erkenntnis im deutschen Lokusspruch und bestimmt seit über hundert Jahren das Selbstwertgefühl des schwächelnden Teutonen. Und je lauter er seinen Stolz in die Welt hinausbrüllt – zuweilen mit einem Hauch Maschinengewehr unterlegt –, desto deutlicher wird klar: Der Deutsche hat irgendwie ein Problem mit sich selbst. Da gibt es auf der einen Seite die gröhlenden Glatzen, die immerhin längere Strecken auf den Hinterläufen zurücklegen können – ist ja auch eine schöne Leistung für einen Primaten. Auf der anderen Seite gibt es diese verschämte, pissige Folklore, die ihren vollendeten Ausdruck im Abspielen der Nationalhymne täglich um 0 Uhr im Deutschlandfunk findet: Vier Geiger zirpen Haydns Kaiserquartett, als wäre es der Rausschmeißer in der Lungenklinik, jedwedem Nationalgepränge dermaßen unverdächtig, daß es schon wieder höchst verdächtig erscheint. Und wenn unsere Bundespräsidenten vom »Verfassungspatriotismus« reden, dann klingt das wie ein Fußballfan, der für die Regeln schwärmt statt für seinen Verein. Alles ganz schön in die Grütze geritten, und die einzigen, die kapieren, was läuft, sind die hier lebenden Ausländer. Warum sollte man auch seine türkische Kultur aufgeben für diese sich selbst bemitleidende Hanswurstnation? Man kann es doch nun wirklich keinem Ausländer verübeln, daß er seine Kinder ungern in diese zerschossene Sprachumgebung entläßt. Der Deutsche »hadert« mit sich selbst,

d. h. er findet sich eigentlich richtig prima, weiß aber nicht, ob man das darf und ob es deshalb nicht »angebrachter« wäre, sich sicherheitshalber scheiße zu finden. Da soll man als Ausländer noch durchblicken. Also bleibt der eingewanderte Kollege erst mal Türke, Kurde, Pole oder sonstwas, bis sich die hiesigen Eingeborenen mal auf »verbindliche Verfahrensvorschriften zur Auslebung des Deutschseins« geeinigt haben. Bis dahin wird aber noch der Kleingärtner, der den schwarzrotgoldenen Lappen vor der Laube hißt, als rechter Nationalist verdächtigt. Nur zur Erinnerung, das ist nicht die Hakenkreuzfahne und auch nicht die Reichskriegsflagge, sondern das sind die Farben einer demokratischen Republik. Wird hingegen vor entsprechender Datsche Hammer und Sichel hochgezogen, finden das alle lustig, immerhin das Symbol eines undemokratischen Obrigkeitsstaates. Da sag' ich mir doch als Ausländer: Ihr habt schwer einen an der Waffel, macht euer Deutschsein mal schön mit euch selber ab, und wenn Ihr soweit seid, dann meldet euch wieder bei mir. Dann ist das Gejammer groß: »Liebe Ausländer, laßt uns nicht allein mit diesen Deutschen.« Jaja, wenn Zoff ist unter den Bälgern, dann wird nach der Mama geschrien. Aber es hilft nichts, da müssen wir schon selber mit klarkommen. In den slawischen Sprachen heißen die Deutschen »njemzy« – die Sprachlosen. Da steckt doch eine Menge Wahrheit drin. Wie wäre es denn, wenn wir den Ausdruck einfach als Lehnswort übernehmen: Ich bin stolz, ein Njemez zu sein. Das stimmt inhaltlich, ist auch irgendwie selbstironisch und zudem eine nette völkerverständigende Geste Richtung EU-Osterweiterung.

WIMMERN AUS DER MOTTENKISTE
Menschen von früher

Ja, die Mama, die wird man niemals los. Oder die Kinder, sie wollen bis in den Vorruhestand von den leichtfertigen Erzeugern alimentiert werden. Selbst die Altgattin läßt sich nicht rückstandsfrei durch eine Scheidung entfernen. Seitdem das Blut jedoch nicht mehr allein diktiert, wer uns nahesteht, kommt dafür prinzipiell jeder in Frage. Heute der, morgen die, mal sehen, was so geht. Dabei ist das Geflecht menschlicher Beziehungen getreuliches Abbild des Produktionssektors. Ständig neue Modelle der Autobauer täuschen auch darüber hinweg, daß schon das letzte nicht ganz ausgereift war. Macht ja nix, wir holen uns den neuen, und mit der alten Kiste kann sich ja der Pole noch 'nen schönen Nachmittag machen. Der Altmensch als solcher läßt sich schwerlicher entsorgen. Für die Vorläufergeneration gibt's immerhin den Seniorenstift, ein Zwischenlager ohne Hoffnung, bis was frei wird auf dem Gottesacker. Aber was machen wir mit dem Sperrmüll der Biographie, der im Keller unserer Seele herumliegt? Die Menschen, mit denen man einst so vertraut war und die jetzt nicht mehr gebraucht werden – die alten Freunde, die abgelegten Liebhaber, wohin mit dem ganzen Mist? Wie so oft im Leben weiß auch hier der Baumarkt eine Lösung. Dort gibt's stapelbare Holzkästen für den Restmüll der verflogenen Liebe. Alles zusammenfegen und weg damit: die Photos auf der Parkbank, das erste gemeinsame Strafmandat, den Hotelprospekt vom stürmischen Wochenende am Meer. Bei den Aufräumungsarbeiten an der eigenen Biographie macht man die erstaunliche Entdeckung, daß keine noch so tiefe Beziehung größer ist als eine Zigarrenkiste – egal wie lange oder intensiv, da geht immer alles rein. Diesen Castorbehälter der Seele stellt man dann in den Schrank zu den anderen Toten. Manchmal wenn einen der Hafer sticht, holt man eine Kiste hervor und lacht sich kaputt, mit was für einem Hirni man mal zusammen war. Seitdem die Standzeiten der Paarbildung häufig schon die eines Vileda-Wischlappens unterschreiten, werden die Kisten immer mehr im Regal. Mancher schafft es nicht einmal bis zu einem eigenen Erinnerungsschrein und liegt zwischen Ingo 92 und Lars-Dieter 98 im Massengrab der Restekiste. Obwohl das Ende schon von Anfang an klar ist bei der Liebe in Zeiten des Warencharakters, scheuen selbst altgediente Hedonisten davor zurück, gleich zu Beginn einen mit dem Namen der Neuen beschrifteten Kasten aufzustellen. Irgendeine abergläubische Scheu verhindert die begleitende Buchhaltung, und so kommt erst nach dem Ende das Großreinemachen. Da kein moderner Mensch mehr Tagebuch schreibt, erinnern an die toten Lebensbegleiter nur noch unreflektierte und profane Dinge des Alltags: eine Kinokarte, ein Polaroid und das Rehkitz von der Losbude auf dem Jahrmarkt. Und wenn das Regal voll ist mit den kleinen Erinnerungssärgen aus dem Baumarkt, dann kann man getrost in den eigenen kriechen.

DEUTSCHER STANDORTVORTEIL NUMMER EINS
Bettwäsche

Wenig Bereiche gibt es, in dem der Deutsche weltweit führend ist. Neben Erbsensuppe und Pflaumenkuchen ist es vor allem die Gestaltung der nächtlichen Liegestatt. Gleich, in welcher Richtung man den Bereich der Leitkultur verläßt, sofort hinter der Grenze beginnt die Barbarei. Ob Frankreich, England oder sonstwo, alle bauen ihre Betten auf dieselbe abartige Weise: Ein Laken auf der Matratze, darüber die gelbe oder rosa Polyacryl-Nachbildung eines plattgefahrenen Hirtenhundes. Das Laken wird gelegentlich gewechselt, der tote rosa Lappen nie. Um den Kontakt zu dem vor sich hin müffelnden Köterfell zu vermeiden, ist das Laken ca. 30 cm umgeschlagen. Aus einem nicht nachvollziehbaren Grund wird das Fußende unter die Matratze gestopft. In der Nacht passiert nun folgendes: Da die Füße der meisten Menschen auch in Seitenlage höher sind als 1 cm, versucht der Einschlafwillige das Laken-Köterfell-Kompositum aus der Verankerung zu strampeln. Er zerrt oben so lange herum, bis der schützende Überschlag von 30 cm vollends verschwunden ist. So gerät nun die ungeschützte Haut an Armen, Händen und Gesicht in Kontakt mit der verseuchten Kläffer-Persennig. Halb erfroren sowieso wegen des viel zu geringen Klimaschutzfaktors wacht der Mitteleuropäer morgens im zerwühlten Laken auf. Beim ersten Blick in den Badezimmerspiegel grinst ihm eine pustelnübersäte Fratze entgegen. Nur wenige Augenblicke braucht es, bis er merkt, daß es seine eigene ist. Das ranzige Köterfell hatte ganze Arbeit geleistet. Hautschuppen und andere nächtliche Körperabgänge unzähliger Vorschläfer hatten eine – verständliche – Abwehrreaktion der eigenen Oberfläche ausgelöst.

Warum tun die Ausländer das? Warum können sie nicht wie bei uns den Plumeau oder die Steppdecke anständig in einen allseits geschlossenen Bettbezug versiegeln? Oder liegen die Einheimischen selbst auch in zivilisierter Wäsche, nur wenn der Deutsche eincheckt im Hotel, wird ihm die notdürftig eingewickelte Stinkedecke angeboten? Ist das immer noch ein Racheakt für den 2. Weltkrieg? Macht in Frankreich die Resistance die Betten für Eindringlinge aus dem Osten? Ich weiß es nicht. Soviel ist klar: Neben dem Adapter für ausländische Steckdosen sollte man als Deutscher auf jeden Fall auch ein Oberbett in die Fremde mitnehmen.

Didi Armin

+ Wenn's ein Junge wird, heißt er »Armin«, ein Mädchen »Arminia«, fertig.
– Wir heißen Brakensiek, nicht Bielefeld mit Nachnamen.
+ Versteh' ich nicht!
– Sieh mal Schatz, hießen wir Offenbach, würden wir unser Kind …
+ »Jacques« nennen!
– Nein, »Kickers«!
+ Hä?
– Vergiß es, sollte ein Scherz sein.
+ Ach so … hä?
– Okay, wenn du hier so einfach »Armin« sagst, sag' ich »Dietmar«. Das ist ein sehr schöner Name: bedeutet »berühmt im Volk«.
+ Und »Dietmarsch«, das heißt dann »berühmt am Arsch«, hähähähähähä.
– Sehr witzig. »Mar« heißt »berühmt«, »diet das Volk«, »berühmt am Arsch« hieß dann umgekehrt…
+ Egal, ich bin gegen »Dietmar«, so. Wenn überhaupt, dann höchstens »Didi« mit einem anderen Namen zusammen.
– Mit »Armin«?
+ Zum Beispiel!
– Da fällt mir ein fettes Schwein aus Uganda ein!
+ Bei »Armin«?
– Nein, bei »Didi Armin«, huharaharaharahar.

UNTERBRECHERKONTAKTE DES WAHNSINNS
Kannste mal eben, haste mal grade!?

Das Leben ist ein langsam rinnender Fluß, wäre da nicht der Saftarsch, der gerade plattfüßig in deine Beschaulichkeit tritt – und zwar mit dem Nervklassiker »Kannste mal eben mit anpacken!«. Gemeint ist das Hochwuchten eines Konzertflügels in den sechsten Stock. Nicht mal eine laufende Dialyse oder der kurz vor dem Ende stehende GV kann einen Unterbrecherkontakt aufhalten. »Mal eben« und »mal grade« sind die Zauberwörter, mit denen sich der verluderte Sozialparia an jeder Stelle in ander Leute Leben einmischen zu dürfen glaubt. »Halt mal eben!« Und schon hat man den Opel Corsa in der Hand, während Saftarsch seelenruhig die Sommerreifen aufzieht. »Kannste mal grade kommen!« Ein harmloser Satz an sich und doch Beginn einer 20jährigen Unterhaltsverpflichtung mit einem Gesamtfinanzvolumen von über einer Viertelmillion. Die Aufforderung, »mal eben dies« oder »mal eben das« zu tun, geht von dem egozentrischen Wahne aus, daß das Leben des Mitmenschen im wesentlichen eine Art Beschäftigungstherapie ist, darin unterbrochen zu werden der Patient geradezu dankbar ist. Besonders die Familie hat diese Form des Terrors als Normalzustand des Miteinanderumgehens kultiviert. Kaum hat Papa den Sportteil seiner Zeitung aufgeklappt, brüllt das Eheschwein von fern: »Kannste mal eben den Müll runterbringen!« In der Familie ist jegliche Ehrfurcht vor dem Leben des anderen verschwunden. Das Dasein des Mitinsassen wird zur stillen Handlangerreserve für die eigenen

Absurditäten. Vattern hat nach 48 Stunden Maloche im Tiefbau endlich Zeit, die Füße für zwei Minuten hochzulegen, da geht ein Befehl wie Donnerhall durchs Vestibül: »Rück mal eben das Deckchen auf dem Fernseher grade, es liegt schon seit Tagen schief!«, meist noch unterstrichen durch den Vorwurf: »Siehst du denn so was gar nicht!?« Vattern ist einfach zu müde, um das Gespenst in der Küche sofort mit dem Spaten mausetot zu kloppen, also steht er auf und rückt »mal eben« den ekelerregenden Zierfetzen auf der Glotze zurecht. Dabei fällt die ebenfalls extrem zierende Blumenvase um, die faulige Jauche schwappt in die neue Buntglotze, der Kurzschluß entflammt das Deckchen, dieses die Vorhänge und nebenan in der Küche explodiert schlußendlich der Gasherd. Einziger Gewinn der »mal eben« – Aktion; das nervtötende Gespenst in der Küche hat seinen Frieden mit dem Schöpfer gemacht. So ist das größte Übel jedweden »kannstemalebendiesoderjenestun« nicht mal die Unterbrechung anderer Tätigkeiten, sondern die daraus entstehende Kettenreaktion. »Mal eben« den neuen Videorekorder programmieren, bevor gleich der Film anfängt. Harhar! Eher geht eine ganze Kamelkarawane durchs Nadelöhr, als daß der Schlitzikasten noch im selben Monat funktionieren wird. Es scheint ein Gesetz zu geben, daß die Betriebswahrscheinlichkeit eines modernen Gerätes mit der Dringlichkeit seines Benötigtwerdens in der dritten Potenz abnimmt. »Opa, deine Herz-Lungen-Maschine läuft jetzt über meinen PC, mal eben Probelauf machen!« Krrrrrrkkkkkkk, Krrrkkkkkkkk!!!!

KASTRAT IN DER WEIBERWELT
Der Mann mit der Bohrmaschine

Die Frau an sich ist nicht auf den Kopf gefallen. Entgegen selbstverfaßter Propaganda wird nicht sie vom Mann unterdrückt, sondern natürlich er von ihr. Das ist eine Binsenweisheit und bedürfte keiner Erwähnung, hätte die Frau es nicht geschafft, durch ein gut funktionierendes Deklassierungssystem ihre Herrschaft zu stabilisieren. Im Frauenstaat gibt es drei Kategorien Mann, unterschieden lediglich in ihrer Bedeutung für das beherrschende Weib, nicht in ihrer Machtstellung, denn zu sagen haben alle drei nichts. Nummer eins ist der Arbeiter, seine Aufgabe ist die Versorgung des Weibes mit Nahrung und Schuhwerk. Dafür darf er bei ihr wohnen, ihr zuweilen aufreiten und den Nachwuchs fettfüttern. Seit einigen Jahren sind die Vergünstigungen etwas zusammengestrichen worden. In der Regel darf er heute nur noch blechen und von ferne dem Treiben zuschauen. Nummer zwei ist die Drohne oder der Stecher, ein Typus Mann, der der Frau in jungen Jahren oder als Nebenstecher parallel zum Arbeiter Lust zu bereiten hat. Ist der Versorger genetisch allzu desolat geraten, dann darf die Drohne auch leiblicher Vater des Nachwuchses werden, ohne allerdings für dessen Futter aufkommen zu müssen. Typ Nummer drei ist die interessanteste Kategorie, und ihr gilt unser Hauptaugenmerk: der Mann mit der Bohrmaschine. Jede halbwegs attraktive Frau hält in ihrem Freundeskreis einen schüchternen, dicklichen oder einfach nur zu lieben Mann in Reserve, der sie von ferne anhimmelt. Stets gibt sie ihm das Gefühl, ihr besonderer Vertrauter zu sein und eigentlich auch viel toller als der durchtrainierte Schönling mit dem Wahnsinnsriemen. Höchstens zwei Wochen noch ließe sie sich von ihm das Hirn aus der Rübe vögeln, dann sei aber endlich Schluß. Der Mann mit der Bohrmaschine hört ihr brav zu und tröstet sie, wenn Kollege Megastecher schon nach drei Tagen Schluß gemacht hat, ja und freut sich sogar mit ihr, wenn der nächste Hengst auf die Lichtung trabt. Unerschütterlich hält ihn die Hoffnung, wenn er ihr nur stets sein Ohr leihe und immer da sei, dann werde sie irgendwann mal seine Qualitäten erkennen und ihn ranlassen. Pustekuchen! Seine Qualitäten hat sie längst erkannt: Er ist der Doofe mit der Bohrmaschine, der ihr die Vorhänge andübelt, ihren Umzug organisiert und den Ficus berieselt, wenn sich Madame auf den Malediven von ihrem haarigen Wüstling durchorgeln läßt. Der stets verfügbare Kumpel mit der Bohrmaschine ist eine Schande für das männliche Geschlecht. Wie kann man sich nur so weit erniedrigen lassen? Wie kann man nur so unendlich blöd sein, zu glauben, mit der Metabo im Anschlag öffne man das Herz einer Frau oder wenigstens den Schritt? Den Frauen muß man allerdings Respekt zollen: Keinem Mann wird es je gelingen, eine Frau derart zu versklaven, ohne nicht in irgendeiner Weise dafür zu zahlen: in Geld, Gesundheit oder Lebenserwartung. Nur die Frauen haben den vollkommenen, nichts fordernden, geschlechtslosen Heloten aus dem wilden Manne herausgezähmt. Allen noch freilaufenden Exemplaren kann man nur raten, für eine Frau nie der Mann mit der Bohrmaschine zu sein.

DOWNGELOADETER BULLSHIT
Englisch stirbt aus

Darf eine Muttersprache sterben? Wieso nicht! Auch das Mittelhochdeutsche spricht heute keiner mehr, und so ist der Minnesang immerhin von der Vokabel »Frauenparkplatz« verschont geblieben. Sprachpuristen wollen das Deutsche gegen Englisch verteidigen, als ginge es um einen Heiligen Krieg. Dabei kann einem die Sprache Shakespeares doch nur leid tun. Als das Deutsche in der Klassik zu großer Form auflief, mußte Englisch die erste von vielen folgenschweren Niederlagen einstecken: Die USA wählten es zur Landessprache. Seither vernuscheln 250 Millionen Analphabeten in ihren staubigen Mundhöhlen die einstmals klare Sprache Albions. Man stelle sich nur mal vor, die Doofen da drüben hätten Hessisch oder Sächsisch zur Landessprache gewählt und wir müßten uns heute unsynchronisierte Filme mit Robert de Niro als Hessen angucken. Eine schreckliche Vorstellung, aber damit muß der Brite leben. Ihre zweite große Niederlage erlangte die englische Sprache durch das gleichnamige Empire. So wurde sie Völkerschaften zugänglich gemacht, die sich nicht mal mehr die Mühe machten, ein »th« oder gutturales »r« richtig auszusprechen. Auf der falschen Seite des Atlantik hatte unterdessen der Ami auch nicht gefaulenzt und die schöne BBC-Lingo in einen pappigen Zerealienbrei zerkaut. Richtig hart wurde es aber erst, als Großbritannien wie so viele den Zweiten Weltkrieg verlor und seine Sprache in die Hände deutscher Eroberer fiel. Zuerst sinterten nur einzelne Vokabeln über Durbridge-Krimis und

Edgar-Wallace-Verfilmungen in den deutschen Sprachraum, dann kam die Beatmusik und in den Neunzigern die knallharte IT-Branche und das E-Business. Seither wird gedownloadet, gebounced und werden preferencies getrasht, bis der ßörwer smoked. Müßig, hier all den Blödsinn aufzuzählen, den sich hippe Clevermounties täglich um den Bart streichen. Alles Coole, Moderne und Internetmäßige war und ist auf Gedeih und Verderb mit dem amerikanischen Idiom verbunden. Derzeit eher auf Verderb, denn genauso wie die gehypte Welt des Zwischennetzhandels in den Orkus surft, verliert das anglophile Geplapper seine kühle Strahlkraft. Der Burnout gestylter GewinnPerformancer macht eben keinen Fun, und wer heute noch so daherfabuliert, ist nicht nur blöd, sondern zeigt es auch noch jedem. Wer natürlich wieder mal gar nichts checkt, sind die doofen Politiker. Noch immer glauben die Penner aus den Parlamenten mit dem iTalk von gestern die Wähler von morgen zu keilen – arme Irre! Aber wie sollen wir denn eigentlich sprechen? Deutsch ist tot und Englisch ist out, Spanisch sprechen nur die Global Loser, und Russisch ist so relevant wie Hebräisch oder Altgriechisch – nur für Übersetzer aus dem ideologischen Pleistozän interessant. Französisch spricht immerhin noch der Weltpostverband, und Italienisch ist sowieso eine Gebärdensprache mit unterstützenden Lautmalereien. Wie wäre es denn dann mit Chinesisch, der Pekingmensch ist doch schwer im Kommen und kennt eine Menge Vokabeln? Doch zur globalen Leitkultur reicht es bei ihm noch lange nicht, außer bei Hinrichtungen ist China ja nirgends führend und schon gar nicht cool. In Deutschland wird also weiter Deutsch gesprochen oder das was man dafür hält, die amerikanischen Platzhalter für Sinn und Verstand werden wieder verschwinden oder assimiliert, doch der ganze Reichtum und die ganze Pracht der deutschen Sprache gehen unwiederbringlich den River down – zumindest als Kulturleistung, die von der Mehrheit der Bevölkerung getragen und verstanden wird. Und eigentlich kann man sich da für seine Muttersprache nur freuen, daß sie nicht zum Parlando des globalen Schwachsinns geworden ist. Immer weniger Menschen sprechen Deutsch. Toll! Ich hätte sowieso keine Zeit gehabt, mich mit allen zu unterhalten – vor allem nicht mit Gewinn.

Fleurope

– Du, Schatz, kannste mal 'nen Moment deine Zeitung weglegen, ich glaub', ich hab's.
+ Was?
– Den Namen für unser Kind.
+ Nein, nicht schon wieder.
– »Fleurope«. Weißt du, da ist zugleich Europa drin, frz. »europe«, und die Blume, frz. »fleur«, zusammen »Fleurope«, die Blume aus Europa, hach.
+ »Arthrose«. Weißt Du, da ist zugleich »art«, engl. Kunst, und »rose«, frz. die Rosette drin –, der künstliche Darmverschluß, wie schön.
– Du Arsch, Arthrose ist eine nichtentzündliche Gelenkerkrankung.
+ Und Fleurope ist ein französischer Autovermieter.
– Das ist Europcar.
+ Jedenfalls ist Fleurope kein Mädchenname?
– Wieso Mädchenname.
+ Ja, willst du etwa, wenn es ein Junge wird, das arme Schwein Fleurope nennen?
– Na und? Ich finde, auch Männer sollten früh ihre weiblichen Anteile akzeptieren.
+ Dann nenn ihn doch gleich »Scheidemann«.
– Iih, du Ferkel.
+ Was heißt hier Ferkel? Scheidemann war ein bedeutender Sozialdemokrat.
– Auch das noch, versaut allein reicht wohl nicht. – Ich bleib' bei Fleurope, das hat so was weiblich Weiches und Blumiges.
+ Da find ich dann »FloraSoft« konsequenter, oder »HakleFeucht«.
– Ich laß mich scheiden, morgen früh.
+ Geht nicht, wir haben morgen unsere Schwangerschaftsgymnastik.
– Dann übermorgen.
+ Stillkurs
– Mittwoch.
+ Wickelgruppe.
– Donnerstag.
+ Frauenarzt.
– Okay, ich trag' erst das Kind aus.

DER SOZIALSTAAT SCHLÄGT ZURÜCK
Alle sind bekloppt

Als die Welt noch in Ordnung war, gab's für sozialunverträgliche Macken eins auf die Mütze oder schwedische Gardinen. Dann wurde gebrummt, und wenn man fertig war mit Brummen, verließ man den Bau als freier Mann. Heute darf man erst wieder raus, wenn man zustimmt, sich von einer Pädagogik-Zecke betreuen zu lassen. Die fetten Weiden des Sozialstaates haben eine ganze Industrie professioneller Betreuer auf den Plan gerufen. Deren Endziel ist die komplette Pathologisierung der Bevölkerung. Irgendwie ist jeder spielsüchtig, alkoholgefährdet, kommunikationsgestört oder zumindest »labil«. Wird das erst mal testiert, rauscht der Betreuer an und textet einem das entsprechende Syndrom an den Sack. In die Schlagzeilen gelangen dabei zumeist nur skurrile Auswüchse des Phänomens wie z. B. die Erlebnispädagogik: Sieben Fertige lassen sich mit ihrer Verhaltensamme in einer französischen Höhle verschütten und üben dabei Sozialverhalten, oder ein notorischer Autodieb radelt mit seinem Leibpädagogen ein Jahr lang durch Feuerland und frißt tote Käfer. Ziel: irgendwie Selbstfindung. Kosten: 700 000 Mark. Das nenn' ich mal dekadent! Wenn sich vor 150 Jahren der weiße Mann die Badewanne samt heißem Wasser durch den Dschungel nachtragen ließ, konnte der Neger den damit verbundenen Luxus jedenfalls noch nachvollziehen. Wenn heute die kaputten Bälger der Industrienationen »pädagogischen Grenzerfahrungen« ausgesetzt werden, die zwei Drittel der Weltbevölkerung unfrei-

willig durch Hunger oder Krieg tagtäglich erdulden müssen, packt sich der Neger – mit Recht – an den Kopp.
Aber nicht nur den verhaltensauffälligen Schüler erwischt es, auch unterm Normo ist das betreuungsfreie Eis sehr dünn. Den Führerschein zum x-ten Male abgedrückt, mündet dies unweigerlich in den medizinisch-psychologischen Test. Hypothese: Wer nicht reibungslos funktioniert, ist bekloppt und muß betreut werden. Wann wird endlich die Schwarzarbeit pathologisiert? Wer diesem herrlichen Staat nicht freiwillig jede Mark nachträgt, der muß doch psychisch krank sein, oder nicht? Da winkt doch zumindest eine betreute Selbsthilfegruppe, wenn nicht gar ein lustiger Klinikaufenthalt mit Anwendungen. Dort, wo der Staat einen Topf mit Finanzen aufmacht, schießen in Null Komma nix die Betreuungspilze aus dem Boden. Kaum war die Pflegeversicherung bei Kasse, verwandelte sich halb Mümmeldeutschland in einen fruchtbaren Acker für agile Start-ups mit der Bettpfanne am langen Arm. Kaum änderte sich das Vormundschaftsrecht, witterten schon die Anwaltszecken profitable Opfer, denen das Blut abgesaugt werden konnte. Das wahre »human capital« unserer Gesellschaft sind die Kaputten, denn von ihnen lebt ein ganzer Dienstleistungssektor. Und letztlich ausgeschöpft ist der Markt erst dann, wenn hundert Prozent der Bevölkerung, inklusive der Betreuer selbst, für bekloppt und bescheuert erklärt worden sind. Doch bis es soweit ist, gibt es ja noch ein Bodensatz von Restnormalen, die höchstens im Fußballverein auf einen Betreuer hoffen können. Für sie sollte schleunigst als Interimslösung die sogenannte Normalität als sozialauffällige Verhaltensweise anerkannt werden. Und ist sie das nicht auch? Zwischen den ganzen Zugedröhnten, Autorasern, Zappelkindern und Fernsehsüchtigen – was ist da

schon noch normal? Richtig! Schwulsein, das ist normal. In dreißig Jahren Kampf und Propagandaarbeit haben die Andersrummen es erreicht, daß sie nicht betreut werden, nur aufgrund der Tatsache, daß sie schwul sind. Respekt! Der Mehrheitsmann hingegen läuft eher Gefahr, von Quotenliesel als Krankheit anerkannt zu werden. Siehe den Unterschied: Frauengruppe gleich politische Kampfeinheit und damit betreuungsresistent; Männergruppe gleich Selbsthilfeverein von Gestörten. Auch nicht schlecht! Vielleicht fährt wenigstens mal jemand mit uns nach Feuerland zum Käferfressen. Denn die Zeiten, wo Betreuung allein dem Nachwuchs angediehen wurde, sind endgültig vorbei.

Hartmut

– Sach ma, wie findste »Hartmut«?
+ Klingt nach Drittem Reich ... Hartmut Heydrich, Hartmut Hitler ... die hießen doch alle so.
– Find' ich aber trotzdem 'nen schönen Namen ... is soviel Kraft drin. »Hartmut«, das klingt einfach hart und herzhaft.
+ Nenn ihn doch gleich »Knäckebrot«.
– Jetz hör aber auf mit dem Scheiß. Ich finde »Hartmut« ist ein sehr schöner Name, außerdem kann man den auch überall aussprechen.
+ Englisch: »Arrtmit«, französisch »armü«, italienisch »artomutto«...
– Das is jetz gemein.
+ Ach ja? Wer will denn unser'n Sohn nach einer knäckebrotfressenden Nazibestie nennen, he? Wer will das denn? Ich doch wohl nicht ... Schatz.
– Sach mal, drehst du jetzt total ab? ... Is erstens noch gar nich klar, ob das überhaupt ein Junge wird ...
+ Wie wär's denn dann bei einer Tochter mit »Hartmutter« oder »Weichmuthe«, hä? Oder meinetwegen auch »Knäckemuschi«. Hauptsache, du bekommst deinen Willen bei unserem Kind.
– »Unserem Kind«? Pah. Is gar nich' so sicher, daß du der Vater bist, mein Schatz.
+ Ach ne. Mit welchem widerlichen Hengst haben wir uns da denn noch rumgetrieben?
– Ich verbitte mir, daß du so über Hartmut sprichst.

WAS HAST DU GERADE GESAGT?
Ägypten?

Eine Woche Ägypten – nur mal so zwischendurch. Der Sommer hier ist eh vorbei, Sonne tanken, mal abschalten, raus aus dem Alltag, Seele baumeln lassen.« Und das alles kommt mit: zwei Handys – eins mit Infrarotschnittstelle, ein Laptop, ein CD-Brenner, ein DVD-Player, diverse Kabel, ein Weltempfänger, ein GPS-Ortungsgerät, eine Digitalkamera, das Lesegerät für den Speicherchip, noch eine Digitalkamera (diesmal Video), ein Infrarotfernglas mit Restlichtverstärker, ein zusätzliches externes CD-Laufwerk, insgesamt sechs verschiedene Akku-Ladestationen, acht Schuko-auf-Kufjuckendose-Adapter, ein 220-Hertz-Wandler, eine 50-Hertz-Wechselstrom-Weiche . . . . . .
»Schatz, kriegst du das Notstromaggregat noch mit in dein Boardcase?«
»Ist doch ein Fünfsternehotel!«
»Das heißt da unten doch nichts!«
Mustafa Beach Resort anderthalb Tage später: Gott sei Dank hat das Hotel ein Internetcafé.
»Wir könnten natürlich auch versuchen, die Grüße aus dem Urlaub an die Lieben daheim per E-mail zu verschicken!«
»Witzig! Arabische Buchstaben, dafür keine arabischen Ziffern. Weißt du, wie man hoppelpoppel@freenet.de z. B. richtig eintippt?«
Am ersten Tag des Urlaubs werden Strandansichten photographiert mit der Digitalkamera, natürlich ohne die urlaubenden Helden auf den Bildern, da beide noch kalkweiß sind und sich

so nicht den Daheimgebliebenen präsentieren möchten. Abends wird der Rechner angeschmissen, und nach anfänglichen Problemen mit dem Schuko-Kufjucken-Dosen-Adapter und der 50-Hertz-Weiche läuft die Chose recht ordentlich. Photoshop 6.0 wird hochgefahren, die Strandphotos von der Digicam über Speicherlesegerät eingeladen. Bis zum frühen Morgen brüten die Urlaubenden über die tollste Zeile, die in das Grußphoto eingestanzt werden soll. Kompromiß um halb fünf Uhr morgens: »Ätsch, wir sind in der Sonne.« Der zweite Tag beginnt erst mittags, das Hotelfrühstück ist längst abgebaut, vom nächtlichen Rotwein am Rechner ist ein Mordsschädel zurückgeblieben, und draußen sind's 40 Grad im Schatten.
»Ich geh' nich' raus, bin doch nich' bescheuert!«
DVD-Player an die Hotelglotze angekoppelt, voller Vorfreude wird »Der Wüstenplanet« eingeworfen.
»Ich wollte ja die kleinen Surround-Aktivboxen noch einpacken, aber du hattest ja angeblich keinen Platz mehr, jetzt dürfen wir uns den Film in popeligem Stereo reinziehen. Schöner Mist.«
»Sei froh, daß der Hotelfernseher überhaupt 'ne Scart-Buchse hat.«
Die hat er zwar, dafür läuft die Glotze aus dem Morgenland aber mit der amerikanischen NTSC-Norm, und der Schirm bleibt schwarz. Der Nachmittag ist verhagelt. Lustlos wird noch ein bißchen am GPS-Gerät rumgefingert, dann ruft die Happy Hour an den Pool. Die beiden Kalkleisten wanken runter, pfeifen sich zwei steife Cocktails rein und haben wieder Mut gefaßt: Als JPEG konfigurierte Urlaubsgrüße vom Rechner über Infrarotschnittstelle und Handy nach Deutschland mailen. Tolle Idee! Nachdem das gute alte E-Plus Nokia eine halbe Stunde vor sich hin georgelt hat, um den ersten elektrischen Gruß zu

verschicken, werden noch mal eben im Kopf die Handygebühren hochgerechnet. Panikartig werfen beide gleichzeitig jeweils ein Kopfkissen in den Strahlengang – gerade noch mal die Urlaubskasse gerettet. Was jetzt?
»Wir fragen mal unten im Hotel nach, ob die hier einen Leonardo-Anschluß haben. Dann jubeln wir die Karte einfach Gernot auf seine LEO-Box, schicken ihm per SMS die Verteilerliste, und er mailt die Grüße weiter an alle Freunde.«
»Gernot ist auch im Urlaub, hier in Ägypten, zwei Hotels weiter.«
»Ja, geil dann wird's billiger!«
»Idiot!«
Der dritte Tag beginnt mit einem Schock nach dem Frühstück: Der Room-Service hat alle Kabel aus den Geräten gerupft und zu einem dekorativen Zopf geflochten, der nie mehr auseinandergeht. Beide liegen für eine Viertelstunde weinend auf der Steppdecke. Die restlichen drei Tage ihres Urlaub werden sie ihr Hotelzimmer nicht mehr verlassen, voll des Mißtrauens, zu welchem orientalischen Makrameegebilde die Wüstensöhne wohl sonst ihre kostbare Hardware verarbeiten würden.
Siebter Tag, Flughafen Hannover-Langenhagen, beide blicken sich verständnisvoll in die Augen.
»Ägypten? Kannste voll abhaken!«

SCHRUMPELN IN DER POPKULTUR
Campino und Konsorten

Nicht die Jahresringe zählen, sondern was man tut! Politiker gehören mit 50 noch zu den jungen Wilden, Viva-Moderatoren sind mit Ende 20 Tattergreise. So liegt das Geheimnis des Lebens heute in einer altersadäquaten Beschäftigung. Wenn Verona Feldbusch einst die Pelle welkt, dann steht sie womöglich beim greisen Westerwelle vor der Tür und bittet um ein mildes Mandat im Bundestag. Je jugendfixierter die Gesellschaft wird, desto durchlässiger muß sie bei den Berufen werden. Was soll man sonst mit den ganzen Radiomoderatoren über 25 machen, die sich nach Erlernen der kompletten Amtssprache für den Beruf nicht mehr eignen. Exmiss Germany ist auch kein Job für 60 Jahre Restlebenserwartung, und nicht für jede steht ein alternder Lustgreis wie Sky Dumont bereit, der das Gerät passend in die Mutterrolle schwängert. Das altersgerechte Verlagern der Kernkompetenzen wird eine der größten gesellschaftlichen Herausforderungen an das Individuum. Menschen, die ihren Körper verkauften, waren sich dieser Schwierigkeit schon immer bewußt, alle andern müssen jetzt dazulernen. Auch Industriemanager können nicht mehr als fette alte Qualle in ihrem Chefsessel abhängen. Gestählt in der Muckibude, mit frischem Betthasen an der Seite läßt sich der Posten noch ein paar Jahre länger verteidigen. Um stets auf der Erfolgswelle zu surfen, bedarf es einer transistorischen Persönlichkeit, die sich nie ganz festlegen will und die Schublade, in der sie wohnt, immer noch ein Stückchen offen hält. Erste

Opfer der »floating characters« sind die Altstars der toten Moderne: Campino von den Toten Hosen und Christoph Schlingensief. Früh in ihrer Karriere hatten sie sich in selbstverschuldeter Unmündigkeit als starres Markenzeichen definiert. Doch schon damals hätten sie ahnen können, daß Pubertät keine Lebensperspektive ist. Heute wirken beide wie die Ritter von der traurigen Gestalt, gefangen in der zur bloßen Pose erstarrten Aufmüpfigkeit. Das betont Unfrisierte auf den beiden älter werdenden Schädeln paßt sowenig in die Landschaft wie der darin ausgebrütete Gestus. Zwei alternde Clowns der Spaßgesellschaft driften ab in eine rührselige Lächerlichkeit. Campino immerhin hat für sich und seine Band in Düsseldorf eine Familiengruft gekauft – er ahnt schon, wo der Hammer hängt. Älter werden in der Populärkultur war noch nie ganz leicht: Peter Maffay macht den ewigen Rocker, Udo Lindenberg ist das, was man bei Frauen früher unverwüstlich nannte, wenn man das Gegenteil meinte. Doch solange es noch Rechtsradikale in Deutschland gibt, können beide sicher sein, auf Konzerten aufzutreten. Mehr Glück hat Wolfgang Niedecken, auch wenn sein Kölscher Schrammelrock mal nicht mehr die Hitparaden stürmen sollte, bleibt ihm immer die Rückfallposition in den Kölner Kultursumpf. Mit den andern Karnevalsschraten kann er, bis er 90 ist, die dort so beliebte »Stimmung« erzeugen. An dieser Stelle möchte ich eine kurze Gedenksekunde für Heintje einlegen, den das Schicksal, das Campino noch bevorsteht, schon mit zwölf Jahren ereilte. Nicht jedem ist ein Künstlerleben wie das von John Lee Hooker vergönnt. Den meisten bleibt nur der rechtzeitige Zug an der Reißleine, um nicht als alberne Figur von früher weiter dahinzuwesen. Wenn man's genau überlegt, gibt es nur ganz wenige Jobs, die sich mit Anstand bis ins Greisenalter durchhalten lassen: Papst, kubanischer Revolutionsführer und IOC-Präsident. Alle andern müssen sehen, wo sie bleiben.

Spüli

– Du, he du, kannst du mal eben das blöde Buch weglegen?
+ Das ist kein blödes Buch, das ist Adornos »Ästhetische Theorie«. Aber für jemanden, der Adorno nicht von a tergo unterscheiden kann, …
– Halt doch mal den Mund, ja? Ich habe nämlich über den Namen unseres – auch deines – Kindes nachgedacht und lese keine schweinischen Bücher.
+ Ich kann nur hoffen für den Kleinen, daß weibliche Erbanlagen nicht dominant sind.
– Ich finde, »Spüli« ist ein total schicker Vorname.
+ Zumindest besser als »Meister Propper« oder »Tuba flüssig«.
– Mann, sei einmal ernst, bitte, ja? – »Spüli« – find ich toll! Daß ich da nicht eher drauf gekommen bin…
+ Junge oder Mädchen?
– Das ist es ja, verstehst du? Weder noch, oder beides zusammen. Die künstliche und gesellschaftlich bedingte Geschlechtertrennung wird aufgehoben. Spüli, das ist einfach ein Mensch, nicht mehr Mann oder Frau.
+ Und wenn man auf seinen Kopf haut, dann spuckt er, hahaha.
– Wieso »er«? Da haben wir's doch schon wieder, du Chauvi-Schwein. Außerdem hat Spüli wieso was Multikulturelles, find' ich. Weißt du, Spüli, das könnte auch der Name einer türkischen Prinzessin sein.
+ Na klar, genauso wie »Ata Türk« der Name eines osmanischen Scheuerpulvers ist.
– Du bist so ein Arsch. Dir liegt nichts an der Völkerverständigung. Dir ist es scheißegal, wenn Ausländer und Deutsche sich nicht verstehen in diesem Land. Ja, du bist dir zu fein, einen kleinen Beitrag zur Annäherung zu leisten.
+ Beruhige dich, Schatz, ich möchte doch nur nicht, daß unser Kind den Namen eines Spülmittels trägt.
– Ach, und warum nicht? Muß man nicht gerade den großen Konzernen die Namen entreißen, gegen den Benennungsimperialismus aufbegehren, hä? Wie lange dauert es noch, bis sie eine Hämorrhoidensalbe »Dieter« nennen und der Name für alle Zeiten besetzt ist vom Schweinesystem? Dagegen müssen wir kämpfen, indem wir die Namen zurückerobern. Deshalb bin ich für Spüli.
+ Gut – wenn wir das zweite Kind dann »Abflußfrei« nennen, zur Erinnerung an den großen Apachenhäuptling. Old Shatterhand und Abflußfrei reiten durch die Prärie.
– Du nimmst mich nie ernst.
+ Oh doch, ab heute nenn' ich dich »Vileda WischMopp«.

WASSERLOCH MIT WARZENSCHWEINEN
Baggersee

Der Mensch – speziell in seiner Billigversion des Deutschen – ist ein asoziales Arschloch. Ob diese Schweinepriester arbeitslos, glücklich oder auch nur am Leben sind, sollte einem eigentlich egal sein. Wer da immer noch sentimentale Reste in seinem Gehirn verwaltet, dem sei ein sommerlicher Besuch am Baggersee empfohlen. Zehn Hektar saubere Wasserfläche wunderschön im Wald gelegen: ideal zum Baden abseits der verchlorten Fußpilz-Zuchtanlagen. Der Eigentümer, ein großes Kieswerk, hat nichts dagegen, daß auf seinem Grundstück fremde Leute den ganzen Tag herumschwimmen. An sich eine noble Geste; da wird die soziale Verantwortung des Eigentums – wie im Grundgesetz gefordert – doch mal unbürokratisch ernst genommen. Was aber macht der moralische Abschaum, der hier allabendlich auf den Wogen schwimmt? Er schleppt seinen Hausmüll von zu Hause mit und verteilt ihn lustig zwischen den Blaubeeren, grillt auf brennenden Autoreifen seine fettigen Schweinepfoten, bricht mit koreanischen Geländewagen durch die Wasserlinie, daß die Kieselsteine wie Schrapnells zwischen badenden Kinder umherpfeifen – kurz: Er benimmt sich wie eine Horde Vandalen auf Kegeltour. Das absolut Ekelerregende am deutschen Analcharakter ist ja sein Obrigkeitsduckmäusertum und dessen Kehrseite: das unkontrollierte Saurauslassen, sobald keiner mit der Knute daneben steht. Es will einfach nicht in sein Milbenhirn rein, daß man auch dann keine Bierdosen in die Natur schmeißt, wenn nicht hundert Politessen durchs Unterholz schleichen und ihn mit Bußgeld bedrohen. Und was ihn intellektuell total überfordert, ist die einfache, empirisch aber leicht zu überprüfende Tatsache, daß Freund Schweinebacke und seine Pavianhorde nicht allein auf der Welt sind. Und aus diesem Grund es sich womöglich auch verbieten könnte, 20mal hintereinander »Anton aus Tirol« durch den Henkelplayer zu pusten. Zumal der Musikgenuß in Boing-737-Lautstärke eh nicht jedermanns Sache ist. Aber derartig kleinkariertes Warmduschergetue ficht die wilden Männer ja nicht an. Mit leeren Bierflaschen üben sie den Handgranatenweitwurf auf Steine am Ufer, mit ferngesteuerten Rennbooten rasen sie zwischen den Badekappen längs. Harmlose Badegäste treten sich die Scherben in den Fuß oder kriegen ein Boot an die Runkel. Mannomann, ist das ein Spaß. Nach vier Stunden Biersaufen in praller Sonne krabbelt der Abschaum wieder in den Suzuki und verpißt sich. Zurück bleibt ein noch brennender Autoreifen, jede Menge Müll und Scherben sowie ein besoffenes, fettes Schwein, das sie vergessen haben. Wenn sich der Deutsche schon so am harmlosen Baggersee benimmt, kann ich mir lebhaft vorstellen, wie's seiner Zeit an der Ostfront zuging. Jede Menge, um darauf stolz zu sein.

DRILL AM PFUHL
Animation

Damit Urlaub nicht in Erholung ausartet, erfanden Reiseveranstalter die Animation. Egal, wie man es jeweils nennt, die Grundübung ist immer dieselbe: Heftig von Fritten- und Pilsverzehr gezeichnete Bundesbürger hampeln nach Musik im Nichtschwimmerbecken rum. Durch die zehnminütige Off-Shore-Gymnastik pro Tag erhält der ganze Urlaub einen Hauch von Wellness und Gesundheit – auch wenn die restlichen 16 Stunden mit Saufen und Fressen zugebracht werden.
Ein sonniger Vormittag an einem Pool in Teneriffa. Die vorreservierten Liegen sind mittlerweile von einer Kolonie deutschsprachiger See-Elephanten eingenommen. Dem einen windet noch das Frühstücksrührei aus dem After, ein anderer schnarcht bereits mit dem Baulärm nebenan um die Wette. Ein friedliches Stilleben mit Sonnenöl und Bildzeitung. Plötzlich tritt ein Irrer auf den Plan. Auf dem Kopf eine Lockenperücke für 9,50 Mark, den Körper in eine Bettlakentunika gewandet, brüllt er »Love is in the air« durch sein Megaphon. Vor Schreck erstirbt das Geräusch gewordene Rührei in einem asthmatischen Ritardando, und auch den frühen Schnarcher reißt es aus der Mulde. Was ist hier denn los? Terroristen? Geiselnahme? Fast richtig! Der Bettlakenfredi mit dem Wischmop auf der Rübe soll der Liebesbote Amor sein, und das »Love-is-in-the-Air«-Gebrülle in der Robbenkolonie ist die TUI-Sonderaktion zum Valentinstag. Und weil Animation letztlich auf die Beteiligung der Opfer an ihrem eigenen gesellschaftlichen Tod zielt, hat sich Amor mit

der Brülltüte auch ein Spielchen überlegt. Als Aufforderung wedelt er mit einem Flitzebogen in der Luft herum und schreit: »Bogenscheißen, Bogenscheißen. Gewinner gipse Cocktail. Jetzte Bogenscheißen an Pool sofott!« Keiner lacht! Alle fragen sich, ob ihre rektale Peristaltik wohl ausreichen würde, diesen ungewöhnlichen Wettbewerb zu bestehen. Letztlich siegt das Mißtrauen in die Kraft des eigenen Darmes, und der iberische Fusselkopp rückt ergebnislos wieder ab. In der Robbenkolonie zieht wieder Frieden ein. Der Schnarcher nimmt seinen Melodiebogen wieder auf, ein paar andere Begrenzungstonnen schmieren sich gegenseitig die unzugänglichen Stellen mit Protektionsfluid ab. Nur das gelegentliche Rascheln beim Umblättern der Bildzeitung läßt hie und da einen Blick schweifen. Ansonsten brät die ganze Kolonie in Frieden vor sich hin. Wieder mal ist der Angriff der Animateure für diesen Tag überstanden. Aber was werden sie sich für morgen ausdenken? Köpperollen? Pampelmuseficke? Gewinner gipse Cocktail!

IM WAGEN VOR MIR SITZT EIN JUNGES MÄDCHEN ...
Die längste Sekunde der Welt

Zeit vergeht nicht nach der Uhr, sondern nach dem, was in ihr passiert. So fliegen die Jahre des Lebens dahin, die Zeit vor der Ampel zwischen Grün und Anfahren des Vordermanns hat Platz für einen ganzen Film: erste Einstellung: Die Lichtsignalanlage springt von Rot auf Gelb, keine Reaktion beim doofen Sack im FIAT Punto. Hat er Angst, daß sie zurück auf Rot springt? Nein, tatsächlich, das Unerwartete geschieht, das Licht wechselt auf Grün. Der Fahrzeuglenker im transalpinen Kleinwagendarsteller beginnt nun mit dem Anfahrprozedere. Finger aus der Nase reißen, geschürftes Material sichten und auf dem Beifahrersitz abstreifen. Fieberhaft sucht das Gehirn unterdessen nach der Handbuchseite »Gang einlegen«, während die grob gereinigte Pfote schon mal links oben und links unten in der Schaltkulisse checkt. Zwei Aldiletten im Fußraum versuchen sich an der Koordination »Kupplung kommen lassen« und »Gas geben«. Gang ist eingekuppelt, Motor jault auf, um kurz darauf zu verröcheln. Hoppala, war doch der zweite. In der Fahrzeugschlange macht sich erste Nervosität breit: Menschen schreien ihre Sonnenblende an, andere schlagen ihr unschuldiges Lenkrad. Unser Mann in Wagen eins möchte es nun ganz richtig machen und blickt runter auf den Knauf seines Gangknüppels. Dort, so sagt ihm seine Erinnerung, ist doch das Schaltschema ins Plastik geritzt, muß man sich doch nur nach richten. Dummerweise hat sich der Knauf durch ständiges Dranrumgefummel um 180 Grad gedreht, und anstelle des ersten rammt der Puntobändiger nun den Rückwärtsgang in die Kulisse. Dem nachfolgenden Fahrzeug signalisiert das Aufflammen des Rückfahrscheinwerfers beim Vordermann, daß hier demnächst Gefahr drohen könnte, und er beginnt mit aufregendem Gehupe. Das wiederum faßt der Mann im Punto als Nötigung auf, verläßt seine Italoschleuder und semmelt dem Nachfolger durch die geöffnete Scheibe eins auf die Backe. Nun mischen sich auch andere Wagenlenker in die unverhoffte Abwechslung am Lichtsignalgeber ein, verlassen ihre Fahrzeuge, treten Verformungen in anderer Leute Metall oder bezichtigen zumindest ihr Gegenüber ungewöhnlicher Sexualpraktiken. Nach drei, vier Ampelphasen ist die schönste Schlägerei im Gange, der Anlaß längst vergessen, und erste Handys wählen dreistellige Nummern mit niedrigen Ziffern. Bevor die grün-weißen Schlichter auf den Plan treten, liegt ein Audifahrer blutend auf der Kühlerhaube, ein gegelter Schnösel wurde vom Eismann versohlt. Der Mann im Punto aber nutzte eine unverhoffte Grünphase und stahl sich mit seiner Gurke vom Schauplatz des Geschehens. Soweit der Film! Tatsächlich aber werden 100 000 Idioten täglich an den Ampeln nicht vermöbelt, es kommt zu keinen Gewaltausbrüchen in den Fahrzeugschlangen, ja nicht einmal zu südländischen Hupkonzerten. Wo lassen all die Deutschen diesen Frust? In ihrem Autoimmunsystem! So richtet sich die Aggression nach innen, und in wenigen Jahren sitzen nur noch total verpickelte, hustende, neurodermitisch gezeichnete Menschen in den Autos. Wahnsinn Straßenverkehr!

DEZEMBEROFFENSIVE DER ROTEN ARMEE
Weihnachtsmänner

Wer zum Teufel bringt jetzt eigentlich die Geschenke? Das Christkind, der Weihnachtsmann oder der Nikolaus? Der heilige Logistikkonzern ist verworrener als sein gelber Bruder hienieden. Am unglaubwürdigsten ist da noch die katholische Variante, die behauptet, das frisch geschlüpfte Jesulein würde den Holy Parcel Service leiten. Gut, es sähe dem alten Zebaoth sicher ähnlich, seinem eingeborenen Sohn die Arschkarte in die Hand zu drücken – siehe Karfreitag! Aber würden andere Kinder so was glauben? Natürlich nicht. Hätten wir also noch den Nikolaus in der Reserve, einen zotteligen Waldschrat, der immerhin über ein eigenes Transportfahrzeug verfügt, um die Säcke anzuliefern. Das Problem mit diesem himmlischen Arbeitnehmer ist nur die äußerst eingeschränkte Dienstzeit. Außer am 6. Dezember hat der faule Sack nämlich frei, ist in der gewerkschaftlichen Fortbildung oder weiß der Himmel, wo. Gebraucht wird seine Leistung aber am Heiligabend. Was tun?, sprach Zeus, obwohl dem das Problem seit 2000 Jahren komplett am Arsch vorbeigehen dürfte. In ihrer Not erfanden die himmlischen Heerscharen eine Methode, die jüngst auch im Reich der Fehlbaren hier unten zu Popularität gelangte: Der Nikolaus wurde geklont und nennt sich nun Weihnachtsmann. Er trägt die gleichen Tuntenklamotten wie das Original, nur der brutale Scherge an seiner Seite, Knecht Ruprecht, wurde nicht mitgeklont. Statt dessen gab's für den Schlitten einen Tunig-Satz aus amerikanischer Produktion. Nicht mehr die lahmarschige Schindmähre zockelt vor den Kufen, sondern ein Team hochmotivierter Rentiere, geführt vom Oberkaribu Rudolf Rednose. Entgegen der StVo trägt das Weihnachtsbambi die rote Rückleuchte vorne auf der Nase. Da kann man von Glück sagen, daß wenig Verkehr ist im Himmel, sonst wäre dem Geisterfahrer schon einer vor den Zinken gesemmelt. Wie altmodisch auch die Auslieferung daherkommt, so modern ist der Bestellvorgang. Nicht mal im Internet muß man rumwühlen, es reicht eine handschriftlich abgefaßte Liste mit der geforderten Ware drauf. Die schmeißt man irgendwohin, der Weihnachtsmann wird sie schon finden. Recht angenehm ist auch der extrem bargeldlose Zahlvorgang beim himmlischen Versandhaus. Und schlußendlich ist auch die Anlieferung modernisiert worden. Mußte man beim Nikolaus noch die Stiefel nach draußen stellen für die Geschenke, so wird heute bis hinter die erste abschließbare Tür geliefert. Anders ging's auch gar nicht mehr, denn welches Kind hat schon Schuhgröße 240 für Playstation und Carrerabahn? So ist alles mittlerweile auf neuestem Stand beim weihnachtlichen Logistikdienstleister, und als wirklicher Global Player geht der Weihnachtsmann mit der Aktie Rot demnächst an die Börse. Und weil die Leute jeden Mist glauben, sobald es mit der Börse zu tun hat, geht die Aktie ab wie eine Rakete. Warum auch nicht, der Weihnachtsmann ist nicht mehr und nicht weniger heiße Luft als der Rest vom Neuen Markt.

SATURNALIEN DES NÄHRSTANDES
Landjugendfeste

Zwischen Euroschwein und Ackerrain gibt es auch in Deutschland noch einen Restbestand an Urbevölkerung, der sich von den Feldfrüchten und deren Veredelung ernährt – zumindest tut er so. Auch diese Menschen wollen zuweilen fröhlich sein, und das Ergebnis ihrer Überlegungen mündet dann in einem Event namens »Scheunenfete«. Wobei »Scheune« nicht unbedingt altes Fachwerk meint, es reicht auch mal die ausgeräumte Maschinenhalle des Lohnunternehmers. Dort geht es dann um zwei Dinge: Saufen und Saufen, wobei Saufen natürlich an erster Stelle steht. Als Basisdroge wird Pils gereicht und aufgesogen wie die Atemluft, vorzugsweise gereicht in Zehnergebinden. Für den feineren Gaumen gibt's die Sekt- oder Cocktailbar. Unter »Cocktail« verstehen die Jungs hinter der Theke jede Form von Branntwein, Hauptsache er läßt sich mit warmer Cola verlängern. Die Cocktail- oder Sektbar befindet sich in einem abgesperrten Verschlag der Scheune. Ursprünglich war das Séparée wohl dazu gedacht, in schwummriger Beleuchtung und enger Berührung so was wie erotische Nähe zum gegenüberliegenden Geschlecht herzustellen. Tatsächlich aber ist das torkelnde Gedränge eher ein brodelnder Krisenherd denn ein Ort der Lüste. Jungbullen, die voll im Saft stehen, rempeln einander vor der Theke an, von nächtlichem Lendenfrust gebeutelte Stecher ertränken ihren Samenkoller in immer mehr knallharten Drinks. Da bedarf es nur eines kleinen Funkens, um diese explosive Mischung zu zünden.

Das Ergebnis nennt sich dann »Thekenschlägerei« und bezieht auch unbeteiligte Dritte gerne mit ein. Womit auch schon der Höhepunkt der Fete erreicht wäre. Spätestens ab drei Uhr nachts laufen fast nur noch Verstrahlte auf dem Parcours, und die Combo auf der Bühne spielt den ersten von 53 Rausschmeißern. Klassischer Abschluß der Orgie für einige der Übriggebliebenen ist jetzt der ultimative Magentest: Zu jemandem nach Hause fahren, den Kühlschrank ausräubern und Spiegeleier essen. Früher war es noch gang und gäbe, daß sich mindestens vier oder fünf juvenile Landbewohner nächtens mit dem Golf um die Chausseebäume wickelten. Diesen unschönen Blutzoll versucht man jetzt abzustellen, und die ganze Nacht über bringen Busse das geflutete Treibgut in die Heimatdörfer zurück. Ist am andern Tag alles vorüber, bleibt ein Haufen Müll, zerbrochenes Glas und der Stolz, es auch diesmal wieder überlebt zu haben. Da sind die Scheunenfeten auf dem Lande nichts anderes als die Loveparade in Berlin.

Der Gemeinderat von Fotzen bei Rathenow hatte endlich die Umbenennung des Ortsnamens durchgesetzt. Jetzt hofften alle, daß sich mehr junge Familien am Ort ansiedeln würden.

Deutsches Fleisch - ein Stück Lebensenergie!

Drei Westdeutsche an der Grenze zu Polen - auf der Suche nach scharfen Hühnern.

Wenn nicht bald alles besser wird in diesem blöden Land, werde ich den niedlichen Trecker hier erschiessen.

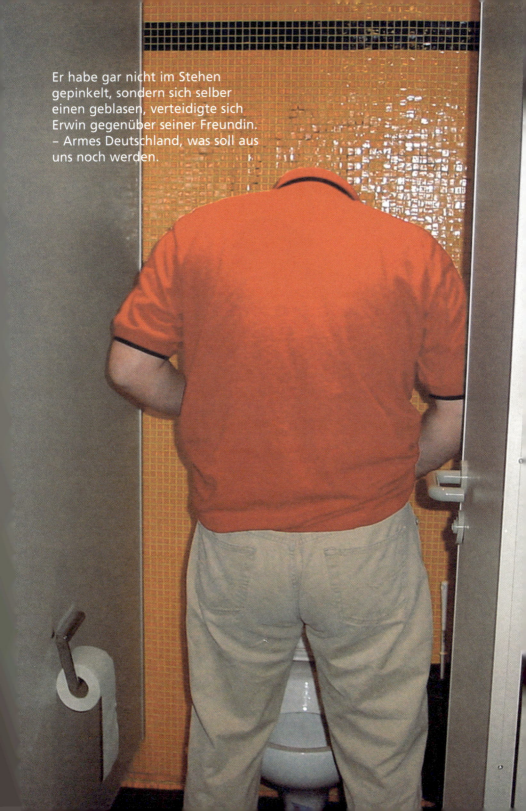

Er habe gar nicht im Stehen gepinkelt, sondern sich selber einen geblasen, verteidigte sich Erwin gegenüber seiner Freundin. – Armes Deutschland, was soll aus uns noch werden.

"Der Bescheid", allegorisches Gemälde fünf mal zwei Meter, Airbrush auf Leinwand. Foyer des Finanzamtes Stadthagen, Lkrs. Schaumburg

Sechs Stunden im Wald gebückt, wieder keinen kennengelernt aber immerhin einen Korb voller Pilze.

"Die Kosten müssen runter, entweder kleinere Büroräume oder die Hälfte wird entlassen!" Die 25 Mitarbeiter der Kreissparkasse Kirchschwuchteln (ich weiß, daß ist ein primitiver Witz, aber ich mußte spontan lachen) entschieden sich für die Bürolösung.

MUSEO MAXIMA MEMORABILIA
Gerümpel

Es stinkt, modert, nimmt Platz weg und hat mal viel Geld gekostet: Das Gerümpel. Wenn sich der Urwald die menschlichen Siedlungen zurückerobert, so tut er das heute zeitgemäß durch Plunder, Papier und Plastiktüten. Täglich brandet der Überfluß an die Ufer unserer Behausung und schwemmt neues Strandgut hinein. Durch den Briefkasten quillt der Reklameblödsinn, durch die eigene Blödheit verstopfen immer neue Produkte aus der Tchibo-Forschung Regale und Vitrinen. Das Gerümpel grinst aus jeder Ecke, Berge von Papier bilden Dutzende von Sedimentschichten auf allen horizontalen Oberflächen. Die Warengesellschaft will partout hinein. Perfideste Form der Gerümpelbildung sind die Verpackungen elektronischer Geräte. Angeblich soll man diese Styropororgien ja aufheben, um darin die leckgeschlagenen Stromkisten zur Reparatur einschicken zu können. Ham wer gelacht! Man kann zwar mittlerweile einen malayischen DVD-Player zu 99 Prozent recyclen und aus den Teilen drei Toaster und ein Maschinengewehr basteln, aber eine aufgeplatzte Lötstelle reparieren – das geht komischerweise nicht. Also weg mit dem Verpackungsgerümpel. Größter Feind der übersichtlichen Lebensführung sind Schubladen, oder wie es im IKEA-Jargon heißt: Aufbewahrungsmöbel. Der täglichen Sichtkontrolle auf ewig entrückt, fault der Schlamm ferner Tage in den Kisten und Kästen: Handbücher für Word 1.0, die Socken abgelegter oder desertierter Sexkumpanen, deren unbeholfene Prosa in Briefgestalt, komplette Jahrgänge der Brigitte, Valutakontingente längst abgerissener Balkanrepubliken – man könnte es ja noch mal brauchen. Regen Zufluß bekommen die Castorbehälter des gelebten Lebens durch ziellose Ankäufe auf Flohmärkten und bei Schlußverkäufen. »Ooch, wie süß, ein Teddy ohne Arme.« Ein halbes Stündchen hält die Faszination für den plüschigen Vietnamveteranen noch zu Hause an, dann fliegt er in den IKEA-Sarg. Die Schwelle zum Wegschmeißen erreicht das meiste Gerümpel nicht einmal bei Umzügen und Todesfällen. Dann kann es immer noch in Pappkartons versiegelt jahrzehntelang den Hängeboden verstauben. Die Aggression der Dinge kommt auf leisen Sohlen in unser Leben. Einzige Chance des Widerstands: auch mal Sachen wegschmeißen, die man wirklich noch gut gebrauchen könnte. Haha, sagt sich der Zuckerkranke, ich lass' mich doch nicht von der Warenwelt versklaven, und schmeißt den Dialysekoffer in den Müll. So befreit vom Gerümpel der Apparatemedizin, verbringt er noch ein paar schöne Tage in tiefer Befriedigung. Tun wir es ihm gleich, und jagen erst einmal den Partner aus dem Haus. Unglaublich, wieviel nutzloses Zeug mit ihm die Wohnung verläßt.

SCHULD WAR NUR DIE HÄMORRHOIDE
Rumlatscher

Mit dem D-Zug fing das Elend an. Als 1892 in Preußen der Schnellzug mit Durchgangswagen eingeführt wurde, erschien zum ersten Mal ein besonders dummes Arschloch im Bereich des öffentlichen Transportwesens. Bis dato waren die Fahrgäste noch in guter alter Postkutschentradition auch in der Eisenbahn im Coupé eingepfercht. Dieses Abteil konnte man nur an den Haltepunkten direkt zum Bahnsteig hin öffnen. Die Einführung des D-Zuges Ende des 19. Jahrhunderts war die Revolution des landgebundenen Reiseverkehrs; zum ersten Mal konnte sich der Passagier während der Fahrt im Transportmittel frei hin und her bewegen. Keine Annehmlichkeit gibt's auf Erden, die nicht sogleich ihre Schmarotzer findet. Im Reiseverkehr sind es die Rumlatscher. Ob in Zügen, Flugzeugen oder selbst in Reisebussen, seit hundert Jahren gibt es einen Typus Drecksack, der die ganze Fahrt über sinnlos durchs Verkehrsmittel stolpert. Im Flieger bleibt er zwischendurch im Gang stehen, behindert das Kabinenpersonal und hält unschuldigen Fluggästen seinen übelriechenden Cordhosenarsch ins Gesicht. Seitdem er was von Trombosegefahr bei Langstreckenflügen gelesen hat, hält den Bekloppten nichts mehr in seinem Sitz. In der Eisenbahn macht's noch mehr Spaß, da kann man nicht nur im Wege stehen, sondern auch noch mit den Türen rumnerven. Bei niederklassigen Regionalzügen werden die Schiebetüren zwar aufgerissen vom Rumlatscher, aber grundsätzlich nicht wieder geschlossen, so daß Krach und

Abriebmuff von den Drehgestellen in die Kabine dringt. Im ICE hat das blöde Schwein sein Vergnügen am Betätigen der halbautomatischen Türen, besonders die älteren, druckluftbetriebenen Schließautomaten haben es dem Rumlatscher angetan. Zwar kann er die Tür jetzt nicht mehr einfach offenstehen lassen, aber das laut zischende Geräusch der Pneumatik geht den anderen Fahrgästen ebenso auf den Sack. Ist die Fahrt auch noch so kurz, kaum eingestiegen, beginnt der Rumlatscher mit seiner Performance: Einmal Scheißhaus angucken, ganz nach vorne überprüfen, ob eine Lok dran ist, wieder nach hinten latschen, die Wagen durchzählen, seinen eigenen Platz nicht wiederfinden, zurücklatschen: macht 68mal Tür auf und zu. Dabei ist er sechs Leuten im Gang auf die Füße getreten, einer Oma bei einer Weiche ins Butterbrot gefallen, hat dem Schaffner ein Tablett mit Kaffee umgeschmissen und die Nüstern von 230 Passagieren mit seinem verseuchten Cordhosenarsch beleidigt. Im Zug ist man dem Rumlatscher gnadenlos ausgeliefert, höchstens ein Bein kann man ihm stellen, damit er lang auf die Fresse fliegt. Nur ihm Flugzeug gibt es etwas Hoffnung, wenn die Stimme des Captains ertönt mit der beruhigenden Mitteilung, man erwarte erhebliche Turbulenzen und fordere alle Passagiere auf, sich anzuschnallen. Entspannt will man die wenigen Augenblicke der Ruhe genießen, da beginnt ein anderes Arschloch mit seiner Tätigkeit: der Lehnenreißer. Diese Geißel des Fliegens zieht seinen blöden Körper ständig an der Lehne des Vordermannes aus dem Sitz, so daß beim jähen Loslassen dessen Kopf wie von einem Katapult getroffen nach vorne schnellt. Unterwegs sein ist die Hölle, dabei habe ich den Handyquassler, den Walkman-Terroristen und den Butterbrot-mit-Tilsiter-drauf-Fresser noch gar nicht berücksichtigt.

WER HAT DEN LÄNGSTEN?
Männer im Gespräch

Was Hänschen lernt, verlernt der Hans nimmermehr. Die Pubertät – früher eine stürmische Übergangszeit zum Erwachsenwerden – ist für viele Männer zur einzig sinnstiftenden Phase ihres Lebens geworden. Die großen Gesten der Epoche: der öffentliche Griff ins Gemächte, das lauthalse Ablassen der Magenluft, all das – so glauben viele 30jährige – stehe ihnen auch noch heute gut zu Gesicht. Und dort, wo mehrere dieser Permanent-Pubertierer zusammentreffen, herrscht ein Ton internatshaften Angeschwultseins und dessen gleichzeitiger Verachtung. Ständig werden »Rosetten versilbert« und wird sich »nach der Seife gebückt«. Uraltscherze aus der 175er-Mottenkiste bleiben in dieser Szene dauerlustig. Die nie überwundene pubertäre Angst, womöglich selber schwul zu sein, muß täglich erneut bekämpft werden. Zugleich behängt man sich mit den vermeintlichen Attributen ausgewiesener Männlichkeit. Unmöglich erscheint es, die Vokabeln »lang« oder »hart« zu verwenden, ohne eine Anspielung auf das (eigene!) mordsmäßige Genital anzubringen. Der ganze Jargon der sexuellen Eigentlichkeit ist ein einziger aufgeblasener Popanz. Zu Hause bei ihrer Freundin oder Mami decken die Jungs brav den Kaffeetisch und kuscheln vor dem Fernseher, werden sie aber von der Kette gelassen, schwillt die Eichel im Schädel. Die verbale Dauererektion bricht erst in sich zusammen, wenn ein attraktives Weibchen den Weg kreuzt. Soviel immerhin haben sie gelernt: Eierkratzen und Dauer-Pimmel-Talk kommen beim andern Geschlecht nicht unbedingt an. Kreidefressend schleichen die jungen Paviane durch die Flure und bieten sich dem begehrten Objekt als devoter Softie an. Kaum ist die Östrogenbombe verschwunden, entlädt sich das aufgestaute Sperma in einem Schwall pubertärer Prosa: »Man hatte die Glocken. Müllers Tochter (wegen des hohen Wasserfalls). Würd' ich nicht von der Bettkante schubsen.« Ewig junge Klassifizierungsscherze sind die Munition des allgemeinen Weitspritz-Contest. Über Stunden, wenn nicht Tage reicht die Erinnerung an den Auslösereiz, um immer wieder etwas Restejakulat aus dem Gehirn zu wringen. In kleinen Gruppen stehen die Eierkratzer dann zusammen und geilen sich an alten Sprüchen auf. Nimmt das eigentlich nie ein Ende? Kann man die Pubertät bis zur Frührente verlängern? Ich fürchte, ja! Der Mann ist die konsequenteste Umsetzung des Evolutionsprojektes Mensch – eines Wesens, das nie erwachsen wird. Und je mehr die Gesellschaft dem Jugendwahn verfällt, desto mehr fühlen sich die Dauerpubertierer in ihrem Verhalten bestätigt. Mit 50 fahren sie dann in einem BMW Z3 oder Audi TT durch die City und werfen Stinkbomben aus dem Fenster. Anschließend Gröhlen und Eierkratzen bei einem Gläschen Pinogridscho in der schicken Szenebar. Und – kaum zu glauben – wieder geht es darum, wer den längsten hat. Und wieder kommt auf die Frage »Wie geht's?« die prompte Antwort »Gestern ging's noch!«. Und wieder lachen sich die Eierkratzer halb scheckig über den brillanten Scherz.

ES MUß NICHT IMMER DER GANZE MENSCH SEIN
Neuer Trend teilgetrennt

Vor kurzem wollte der moderne Mensch noch Single sein, doch schon bald ging ihm die Selbstbefriedigung im Angesicht des RTL 2-Programms auf den Sack, und er strebte in die sexuelle Grundversorgung namens Ehe. Auch schon dieser Trend ist vorbei, heute ist man, wenn man hip sein will, »teilgetrennt«, d. h. irgendwie zusammen, aber nicht wirklich. Grundvoraussetzung zur Erlangung dieses Status ist das vorangegangene Vollprogramm: gemeinsam Wohnen, In-Urlaub-Fahren, Essengehen, Poppen, Sprechen, Schlafen, Frühstücken, Einkaufen. Davon kann man jetzt beliebig viele Segmente entfernen und sich seinen eigenen Cocktail des Teilgetrenntseins zusammenstellen. Äußerst populär ist der Mix aus allen Zutaten minus Poppen und Sprechen, sozusagen der alkoholfreie unter den Beziehungscocktails. Wenn es zu sehr nervt, kann man auch noch Schlafen und Essen abziehen. Übrig bleibt eine extrem stabile Lebensform, die mangels Inhalt durch fast nichts zu erschüttern ist. Schon immer krankte die historische Ehe an ihrer Überfrachtung mit Gefühlen, Alltagssorgen, Glücksversprechen und des Nächtens auch noch Schweinkrammachen. Das hält auf Dauer auch der Härteste nicht aus. Zieht man von der Summe nun die konfliktträchtigsten Teile ab, bleibt ein überstabiles Gleichgewicht aus sattzufriedenem Unglücklichsein. Da kann nichts mehr in die Hose gehen, weil die sowieso schon tot ist. Nun mag sich der Außenstehende fragen, was denn um Himmels willen den Reiz dieser amöbenhaften Lebensbewältigung ausmachen könnte. Aus der Sicht des Komplettgetrenntseins bietet die Teillösung allerdings einige Vorteile: Durch das wenn auch schattenhafte Vorhandensein eines Heteropartners muß man sich nicht am hart umkämpften Beziehungsmarkt positionieren oder entgeht andererseits dem Verdacht, erotisch zur Winterkollektion zu gehören. Zudem kann der teilgetrennte Schattenpartner auch noch ein paar praktische Handreichungen im Alltag zuliefern: Wäsche waschen, Müll runterbringen, Mietanteile übernehmen. Geruhsamer ist das Zusammenleben unter Menschen eigentlich nicht mehr vorstellbar; dagegen ist der Bastelabend im Seniorenstift ein Ort knisternder Erotik. Gerade die in beruflicher Karriere massiv eingebundenen Frühdreißiger scheuen immer mehr, zu Hause eine zweite Front aufzumachen, und wählen die Heterofassade als kommode Lebensform. Damit der ganze Hokuspokus nicht aus Versehen doch einmal auseinanderfliegt, kann man das Kunstgebilde durch Immobilienerwerb zusätzlich stabilisieren. In eigener Kalksandsteinhülle gedeiht die Melange aus Sicherheit, Gewöhnung und gegenseitigem Angenöle erst richtig. Unterfüttert man das teilgetrennte Dasein noch durch Fettlebe und gut gefülltes Girokonto, gibt es kein Entrinnen mehr. Wie die feisten Krokodile in der prallen Mittagssonne liegen an Spaß und Leiden amputierte Heteros schweigend in ihrem gemeinsamen Leben herum.

LOS WOCHOS PERMANENTOS
Dauernd Fressen

Was unterscheidet eine Rotte Jugendlicher in der Fußgängerzone von einer Horde Paviane? Die Intelligenz. Der Paviane. Im Gegensatz zu den wählerischen Hundsaffen stopfen die Aufzuziehenden alles in sich hinein, was am Wegesrand liegt: die verkrebsten Pizzadreiecke mit den aufgeplatzten Käseeiterbeulen, Pansenburger und kalte Salmonellenpampe – Hauptsache süß, fett und schmierig. Die Mahlzeit als ritueller Ort der Nahrungsaufnahme ist passé. Auch zu Hause geht die permanente Müllschluckerei weiter: Tortillachips mit roter Zuckermompe beim Fernsehen, an der Playstation werden Schokoriegel meterweise nachgeschoben, und wenn die Wampe immer noch nicht platzt, geht noch eine Schaufel Crossies, Pops und Flips mit rein. Warum hat der Schimpanse keine Zivilisation entwickelt? Nicht weil er so doof ist – das sind die meisten Menschen auch –, sondern weil er sich nicht die Zeit dafür genommen hat. Der Alltag des Primaten erschöpft sich in den Tätigkeiten Läuseknacken, Schnellverkehr und Rumgefresse. Da bleibt wenig Zeit für Gedichteschreiben und Otto-Motor-Erfinden. Erst der Mensch räumte damit auf: Öffentlicher Vielverkehr wurde im Eheknast eingebuchtet, Läuse wurden zu Freunden, und die Fresserei erhielt ihr Korsett in der Mahlzeit. Jetzt war endlich genügend Zeit für Kultur und Kriege; die Quersumme daraus nennt sich Zivilisation. Doch das atavistische Erbe des Affen ist noch präsent, immer wenn er unbeobachtet ist, fällt der Mensch in eine frühere Entwicklungsstufe zurück. Wenn er dürfte, würde auch der Menschenmann kritiklos in der Fußgängerzone vor sich hin nageln wie Old Silberrücken im Kongo. Soweit ist es noch nicht ganz, in der Form der Nahrungsaufnahme ist das Niveau der freilebenden Verwandten jedoch schon wieder erreicht. Kauen und Mümmeln in der Öffentlichkeit, Fressen ohne Messer und Gabel, die Visage mit Tomatensauce zusiffen – all das gehört zum alltäglichen Erscheinungsbild jeder deutschen Innenstadt. Die Fraß-Provider entwickeln eine klammheimliche Freude daran, Fastfood-Produkte zu kreieren, die beim besten Willen nicht manierlich verzehrt werden können. Die Dönertasche, der RiesenMac, die Monsterpizza fordern die ganze Aufmerksamkeit, um wenigstens die Hälfte davon nicht den Luftratten zu überlassen. Food-Designer haben dem ambulanten Fraß geschickterweise eine Suchtchemikalie implantiert, die mit dem Chicken-Döner der Magensäure schon das darauffolgende Softeis anmoderiert. Dieses wiederum ist so schweinesüß, daß es nur mit vereinten Kräften aus Pommes und Fluppen neutralisiert werden kann. Und so schiebt sich die Pavianhorde fressend und rülpsend durch die Fußgängerzone, nuckelt dauernd an mitgeführten Wasserkartuschen und schubst sich gegenseitig an die Mülleimer. Ganz, ganz toll! Die Zivilisation auf jeden Fall war nur eine kurze Laune der Natur. Auch egal, ist jedenfalls auch mit Kriegen Schluß – die nämlich würden die Saftsäcke gar nicht mehr auf die Reihe kriegen.

SPEKULATIUS UND EJAKULATIUS
Wer ist der Papi?

Gerade in jüngster Zeit sind wieder vermehrt Spekulationen darüber aufgekommen, wie eine Schwangerschaft beim Menschen in Gang gerät. Schon der Volksglaube wußte seit jeh von der sagenumwobenen Schwester, die im onaniegestärkten Laken des Bruders nächtigte und darob von dessen Samen schwanger wurde. Jedem ist auch noch die Geschichte des Vaters erinnerlich, dem von der Hebamme ein kleines Negerlein in die Hand gedrückt wurde, obwohl weder er noch seine Frau über die entsprechende Pigmentpräferenz verfügten. Daraufhin tobte der geprellte Vater los, zieh seine Frau eine Schlampe, die es offensichtlich mit einem anderen getrieben habe. Des Rätsels Lösung lag ganz woanders: Nicht sie, sondern er hat betrogen. Kurz vor dem Besteigen seiner Gattin hatte er schon mal bei einer Prostituierten vorgefühlt, bei der wiederum kurz zuvor ein Anderspigmentierter seine Lust gestillt hatte. Dessen Samen nun gerieten über das Zwischenlager der Käuflichen und den nur grob gesäuberten Riemen des Gatten in die Umlaufbahn der aufnahmebereiten Frau, die dann nach neun Monaten schließlich mit dem Negerlein darniederkam. Ja, so wundersam sind die Wege der Befruchtung, daß man kaum noch an den normalen Geschlechtsakt glauben mag. Besonders jene, die via instrumenteller Einbringung des Spermas in den weiblichen Genitaltrakt zum wahrscheinlichen Termin einer Ovulation in den Besitz von eigenem Nachwuchs gelangen wollen, setzen sich der Gefahr ungewollt heterologer Insemination aus. Das heißt: Nicht der brave Masturbierer, mit dem die Ausbringfläche verheiratet ist, wird der genetische Vater, sondern irgendein Wichser, dessen Ejakulat die Teilzeitkraft im Pflegebereich falsch beschriftet hat. Jaja, so birgt die Vaterschaft auch in modernen Zeiten manch ungewollte Überraschung. Wen kann es da noch wundern, daß auch im Bereich der Prominentenlibido Samen und Eizelle auf verworrenen Wegen zueinanderfinden. Und so soll es sich zugetragen haben: Sie gelangt durch aktiven Oralsex in den Besitz des Spendersamens und übergeht dabei die übliche männliche Sicherheitsvorkehrung (»Schluck runter, du Luder«). Nach hastigem Abschied und mit vollem Mund genuscheltem »Bis demnächst« wird die ungewollte Spende intravaginal deponiert. Und siehe da: Nach neun Monaten schenkt die russische Schwarzhaut einem rothaarigen Sommersprößling das Leben. Dieser fühlt sich natürlich geleimt und mag nun gar nicht mehr in fremde Münder spritzen. Auch wir als unbeteiligte Zuschauer sind geschockt über soviel trickreiche Fruchtbarkeit im Zeitalter der gehemmten Fortpflanzung. Was kommt da noch auf uns zu? Samen, die sich nach dem Analsex selber einen Tunnel buddeln zur Gebärmutter? Frauen, die vom Autogramm eines Schlagersängers schwanger werden, weil dieser sich nicht anständig die Hände gewaschen hat? Infertile Paare, denen auf simulierten Weihnachtsfeiern zum Kinderwunsch verholfen wird? Soviel ist sicher: Die Geschichte der menschlichen Elternwerdung ist noch nicht zum Abschluß gelangt. Irgendwann gibt es Promisperma als HTML-Datei, und jeder kann es sich runterladen – von wem auch immer.

FRAU PLUS PORTEMONNAIE GLEICH
Shoppen

Damit uns nicht der Arsch abfriert und immer genügend Happehappe im Kühlschrank liegt, müssen wir arbeiten. Dafür gibt es Geld, und damit können wir einkaufen, was uns fehlt. Schön! Was passiert aber, wenn wir mehr Geld haben, als wir zum Einkaufen brauchen. Juppheidi, dann gehen wir shoppen. Shopping ist die Emanzipation der Ware vom Gebrauchswert. Besonders die leicht verschrumpelte Ehefrau ab einer Vermögensgrenze, wo man Gattin sagt, frönt dem kritiklosen Anhäufeln von Tand und Zierrat. Klassiker der geshoppten Warenwelt ist natürlich Kleidung, die durch den innewohnenden Verfallsemulgator namens Mode binnen Tagen der Verrottung anheimfällt. Zum Schein fristen die »total witzigen Fummel« und »ganz niedlichen Riemchensandalen« noch ein Schattendasein im Kleiderschrank, bis sie endlich ungetragen in den Sack vom DRK wandern und sich Richtung Kosovo verflüchtigen. Heißa, jetzt ist wieder Platz im frisch gerupften Reservoir – auf geht's zum Shoppen. Im Jargon des Konsumjunkies gibt es keine vulgären Dinge wie »Einkaufen« oder »Bezahlen«, da werden die Produkte »entdeckt«, »das Nichts von einem Seidentop« für 500 Schleifen bestenfalls »mitgenommen«. Wenn Shopperin und Ware im Moment des Erwerbs eins werden, dann darf kein schnöder Mammon diesen erotischen Akt beschmutzen. Dezent wird die Plastikkarte über den Tresen gereicht, und der reale Geldfluß gerät zu einem diffusen Phänomen in ferner Zukunft.

Ist Shopping der eigentliche Akt, so ist Bummeln sein Vorspiel. Zielloses Umherstreunen in den Fußgängerzonen stimuliert den Erwerbstrieb und entlädt sich irgendwann am erotisierten Objekt – in 99 Prozent der Fälle eine Riemchensandale. Kommt es zu keiner Begegnung mit dem Auslösereiz, entlädt sich der aufgestaute Trieb ins Nichts, d. h. es wird »irgendwas mitgenommen«. Das sind Produkte, die ohne Zwischenlagerung im Schrank gleich in den Altkleidersack wandern: Schals, Tücher, »witzige Accessoires«. Um nicht allein von einer Warengruppe abhängig zu sein, hat die manische Shopperin noch eine Reihe Ersatzdrogen parat. Ist im Bekleidungssektor partout nichts zu wollen, gibt's ja auch noch die Läden für Wohnzubehör: fette Frösche aus Terracotta, angepinselte Holzvögel, Sektflaschenverschlüsse in tausend Variationen. Die Endlagerung dieses nutzlosen Krempels nennt man »Dekorieren«, und die Königin der Verschandelung nüchternen Wohnraums ist die Kerze. Wenn einem gar nichts mehr einfällt beim Shoppen, dann ist die Kerze oft letzte Rettung. Sie hat zudem den Vorteil, sich selbst zu vernichten. Damit entfällt bei ihr der anrüchige Akt des Wegwerfens, der ansonsten beim Einkaufsmaniak diese leichte Katerstimmung erzeugt. Drum werden zukünftig die Geschäfte am meisten verdienen, bei denen das Shoppingerlebnis vollkommen und ohne Reue ist, d. h. die nutzlosen Klamotten werden den Erwerbern heimlich wieder aus den Wohnungen entfernt.

HIER STEH' ICH NUN, ICH ARMER TOR ...
Deutscher sein

Ich bin stolz, ein Deutscher zu sein.« Schön gesagt, doch was sind das eigentlich: Deutsche? Ist das die in den Grenzen von 1990 lebende, zweibeinige Biomasse, oder wer? Kann ja nicht, denn hier gibt es ja auch noch Ausländer und auf Malle und in Tadschikistan dafür jede Menge Deutsche. Das Grundgesetz, diese lustige Anekdotensammlung aus den Wirren der Nachkriegszeit, meint dazu, daß man von der Abstammung her Deutscher sein muß, um das auch weiter zu bleiben. Wenn also die beiden Elterntiere deutsch waren, ist das Kälbchen das auch. Was aber ist mit den Mischlingen? Ist es da so wie in der Kampfhundverordnung, daß ein Pitbull-Gen den harmlosesten Köter versaut? Und wann ist das Deutsche aus einer Blutlinie komplett rausgemendelt? Ist der Achteldeutsche z. B. noch berechtigt, Neonazi zu werden? Komischerweise stört es niemanden in diesem Land, daß die Staatsangehörigkeit noch an eine unterschwellige Rassenlehre gekoppelt ist. Wobei jeder natürlich weiß, daß »Deutsch« genausowenig eine Rasse ist wie Hofhund. Der Migrationszufall der letzten zweitausend Jahre hat hier in Mitteleuropa einen wilden Gencocktail angerührt, der keine Gemeinsamkeiten kennt. Deutsche sind weder nur blond und blauäugig, noch groß oder intelligent. Ja nicht einmal die gemeinsame Sprache eint sie. Drei Viertel der Insassen versuchen sich mühselig auf schwäbisch oder noch schlimmer zu verständigen. Das deutsche Idiom in der Fülle seiner Ausdruckskraft ist den hier im Wege stehenden Bewohnern im Grunde genauso fremd wie jede andere Sprache der Menschheit auch. Jaha, aber die gemeinsame Kultur! Außer der in den Joghurtbechern fällt mir keine ein. Selbst Zlatko wußte eher nicht, wer Shakespeare war, als daß er sich nicht an Goethe erinnerte. Was ist ein Deutscher? Der Begriff entzieht sich jeglicher Definition, und keiner weiß, was das eigentlich ist. Somit bedeutet der beliebte Lokusspruch »Ich bin stolz, ein Deutscher zu sein« nicht viel mehr, als daß der Sprecher stolz darauf ist, nicht zu wissen, wer er eigentlich ist. Verkürzt könnte er auch gleich sagen: Ich bin stolz, ein Bekloppter zu sein. Das wiederum finde ich gut und schlüssig, denn es entspricht weitgehend der Wahrheit. Und dieser Stolz sei ihm auch von Herzen gegönnt, denn sonst scheint wenig Licht ins Dunkel seines trüben Hirns. Und wir wollen doch, daß sich alle wohl fühlen hier bei uns, im Land der Bekloppten und Bescheuerten, nicht wahr!?

Voce

+ Ahhh, Italiener!!!!!! – Io mi chiamo voce, è un nome meraviglioso ... aaah, voce!
– Wer ist tot?
+ Deutsche Vornamen sind tot, out, megaout! Finito. Im Kindergarten heißen jetz schon alle Rolf, Paul, Adolf, Hildegard, Lisa oder Wilhelmine. Mein Kind wird einen italienischen Vornamen bekommen.
– Meinetwegen, nichts dagegen. Welchen denn?
+ »Voce!!!!«
– Wie: Wotsche!?!
+ »La Voce«: die Stimme. Welchen schöneren Namen könnte man einem kleinen Mädchen geben als »Die Stimme«? Vielleicht wird sie eine Sängerin, eine berühmte Moderatorin oder oder oder ...
– Bahnhofslautsprecherin!
+ Sogar das, wenn Voce das gerne will. Ich werde meine Tochter nicht einengen.
– *Unsere* ja wohl zunächst mal ... Aber ehrlich gesagt, das ist der erste Name, den du vorschlägst, der sogar mir gefällt.
+ Nicht wahr, ist das nicht wunderschön? »Questa sera canta per tutto il mondo Voce Brakensiek«. Klingt das nicht einfach himmlisch?
– Ich gebe zu, das hat was! Äh, »Voce« – wie schreibt man denn das?
+ V O C E. Wieso?
– Kannst du dir vorstellen, wie ein Deutscher das ausspricht?!
+ Ach du Scheiße!

DA LEBT DER DEUTSCHE RICHTIG AUF
Rumpupen

Der Bekloppte hat viele interessante Hobbys, die ihm seinen Alltag versüßen, das liebste davon ist ihm das Rumpupen. Egal was der Mitmensch gerade so treibt, er wird dafür erst mal angepupt. Halblegales Parken etwa treibt todsicher einen Rumpuper aus der Deckung. »He Sie da, was soll'n das werden, wenn's fertig ist?« Ja, so mögen wir ihn, den selbsternannten Ordnungshüter, stets am Leben seiner Mitmenschen interessiert. Da steht er mit den Pranken in der schwammigen Hüfte und gafft mürrisch über's Trottoir. »Schon mal was von ›Anwohnerparkberechtigungsschein‹ gehört?«, startet er ein kleines Vokabelquiz am Wegesrand. Dieses bekloppte Wort hatte ich Gott sei Dank noch nie gehört. »Der Wagen muß hier sofort verschwinden.« Sicherlich, aber ich bin weder Siegfried noch Roy und eigentlich nur froh, daß ich mal kurz parken kann, um aus der Reinigung ein paar Sachen abzuholen. Keine Chance, der Rumpuper wacht ehern über die Einhaltung sämtlicher Bestimmungen. Steht ihm mal das Wort als Waffe nicht zur Verfügung, weil er jemanden in der geschlossenen Fahrgastzelle anpupen muß, so nimmt er die Gestik zu Hilfe: Die linke Hand wird dabei zu einem imaginären Schreibblock, auf dem mit Daumen und Zeigefinger der Rechten virtuelle Eintragungen vorgenommen werden. Das Wichtigste am Rumgepupe ist, daß es gänzlich ohne eine Legitimation auskommt. Es sind die sogenannten wachsamen Bürger, die seelenruhig dabei zuschauen, wie jemand in der U-Bahn verprügelt wird, aber sofort eingreifen, wird die Rasenfläche illegal überschritten. Je harmloser das Delikt, desto höher die Wahrscheinlichkeit des Angepuptwerdens. »He!« »Ja, bitte?« »Sie da, Sportsfreund.« »Was kann ich für Sie tun?« »Das Zeug da aus dem Mülleimer wird sofort wieder rausgeholt, was sie da eben reingeschmissen haben.« »Warum sollte ich meinen Abfall aus einem Mülleimer wieder rausholen?« »Können Sie nicht lesen? Nur für Papierabfälle. Einwickelpapier für Speiseeis ist eine PVC-kaschierte Zelluloseverbindung und gehört nebenan in den Behälter. Nächstes Mal aufpassen, Freundchen!« Wenn nur jeder ein bißchen den anderen beobachtet, dann funktioniert unser Gemeinwesen wie geschmiert. Neben dem alten Blockwart-Rumgepupe, das sich hauptsächlich der Themen Falschparken und Rasenbetreten annahm, etabliert sich zusehends das moderne Öko-Rumgepupe. »Stellen Sie mal Ihren Motor ab, Sie Ökoschwein!« Wobei in diesem Falle Ökoschwein eine Beleidigung ist und man so vor roten Ampeln gerne angepupt wird. »Muß das sein, hier im Park rauchen, wo auch Kinder rumlaufen?« Eine weitere moderne Variante ist das politisch korrekte Rumgepupe. »Das ist hier ein Frauenparkplatz, du Wichser!«, wird der Behinderte angepflaumt, der gerade seinen Rolli aus dem Kofferraum wuchten will. Und da müssen wir als zufällige Beobachter dieser Szene doch kurz lachen, wie sich der Rumpuper ein Eigentor reingesemmelt hat.

NEU IM KYOTO-PROTOKOLL:
Der Mensch als Emission

Für alles gibt es Höchstwerte in unserer Gesellschaft, für Kohlenmonoxid im Auspuffqualm, für Schwermetall in der Fischfrikadelle und Knorpel in der Leberwurst. Nur für den Anteil Mensch pro Quadratkilometer konnte man sich bisher noch auf keine Höchstgrenze festlegen. Die Schwierigkeit besteht wohl darin, daß der Schadstoff zugleich sein eigenes Opfer ist. Fragte man den Wald oder die Grasnarbe, würden sie sicherlich sofort auf Nullemission des Homo sapiens drängen. Fein, die haben aber nichts zu melden. Also muß der Mensch selbst entscheiden, wieviel er von seinesgleichen als Kontaminat neben sich dulden will, um nicht einen an der Klatsche zu kriegen. Die Verhaltensforschung unterscheidet bei der Schüttdichte von Primaten zwischen drei Kategorien. Da gibt es als erstes die Fluchtdistanz bei ca. 100 Metern, die private Distanz bei fünf Metern und die intime auf Armeslänge. Die Fluchtdistanz ist anschaulich als die Entfernung zu begreifen, bei der man selbst an guten Bekannten grußlos vorüberschlendern darf, ein Phänomen, das wir alle aus der Fußgängerzone kennen. Ist die private Distanz unterschritten, reicht selbst ein hastig gemurmelter Gruß nicht mehr, sondern es muß irgendwie draufloskommuniziert werden: »Na, auch in der Fußgängerzone? Und selbst? Muß ja.« Die intime Entfernung darf – wie der Name an sich schon vermuten läßt – eigentlich nur zur Aufnahme des Geschlechtsverkehrs unterschritten werden. Alles andere wertet der Primat als Aggression. Nun ist aber gerade der Stadtbewohner in Kaufhäusern, Aufzügen oder U-Bahnen ständig dieser Distanzunterschreitung ausgesetzt, ohne daß es zum GV kommt; auch die normalen aggressiven Attacken bleiben in der Regel aus. Statt dessen frißt die arme Sau seinen Haß in sich rein und wird plemplem. Sieh mal einer an, da haben wir doch auf recht einfachem Wege schon den Hominiden-Höchstwert für städtische Bebauung festgelegt: In jeder Situation muß eine Distanz auf Armeslänge gewährleistet sein. Videokameras rastern ständig die Partikeldichte in den Aufzügen und Öffis, wird sie überschritten, fliegt der Schutzschalter raus. Bedauerlicherweise gibt es aber auch Mitmenschen, die geradezu krankhaft in die Intimsphäre anderer eindringen. Ich stehe allein auf einem Fußballfeld, ein Mann kommt auf mich zu, stellt sich zehn Zentimeter neben mich und labert und spuckt mich voll. Okay, dieses Sozialkontaminat gehört auf die Kuscheldeponie und nicht in die Öffentlichkeit. Für das Zusammenleben in der Savanne, sprich Häuschen auf dem Lande, empfiehlt sich das Einhalten der Fluchtdistanz als maximale Bevölkerungsdichte. Sie können den Test für Ihr Wohngebiet leicht selber machen. Gehen Sie vor die Tür und pinkeln in den Garten. Funktioniert es, ohne daß ein Nachbar Sie dabei beobachten kann, ist die Menschenemission bei Ihnen noch untergrenzwertig. Als Faustregel kann man sich auch merken: Eine ländliche Siedlungsform ist dann gesund, wenn alle Bewohner gleichzeitig ihr Haus verlassen und keiner guten Morgen sagt. Auch noch halbwegs sauber ist die Umwelt dann, wenn Ihnen als einziger Grillgeruch im Sommer der von Ihrem eigenen Rost in die Nase zieht. Bei Beachtung dieser Grenzwerte würden sich viele Probleme unserer Gesellschaft von selber lösen: Wir bräuchten keine neuen Straßen, Siedlungen, Mülldeponien; es gäbe weniger Aggression, Streß und Unfreundlichkeit. Mit etwas Glück könnte dieses Ziel im Jahre 2200 erreicht werden, vorausgesetzt, die Spermiendichte in den Männerhoden nimmt weiter ab.

Wismut

– Du, ich hab' wieder einen.
+ Was »Ich hab wieder einen«?
– Einen Namen, was sonst.
+ Ach nee, nich schon wieder, mir reicht's allmählich.
– »Wismut«!
+ Wie bitte?
– »Wismut«!
+ Hast du se noch alle?! Weißt Du überhaupt, was du damit sagst?
– Ja, das weiß ich sehr wohl, Schatz! Das bedeutet nämlich Weisheit und Mut.
+ Am Arsch bedeutet das Weisheit und Mut!
– Sei nicht immer so vulgär, das ist ja ekelhaft!
+ Ach ja, ich bin ekelhaft, aber du willst unserem Kind den Namen einer Uranschleuder aus der Ex-DDR verpassen. Na bravo. Wismut, mein Dummchen ...
– Ich bin nicht dein Dummchen, ja, du widerlicher Macho!
+ »Wismut« jedenfalls steht für Uran, für Bergleute, die an den Arbeitsbedingungen zugrunde gegangen sind, ja, das ist Wismut. So!
– Für mich steht »Wismut« für was anderes, basta. Und außerdem klingt der Name noch gut.
+ Was heißt hier »für mich steht das für was anderes«? Das hast du doch wohl nicht zu entscheiden, dann kannst du das Kind ja gleich »Atombombe« nennen oder »Hiroshima«, das ist vom Klang her auch ein sehr schöner Name.
– Ich weiß gar nicht, warum du dich so aufregst. Ich glaube, du hast einfach Vorurteile gegen Menschen aus den neuen Bundesländern.
+ Ich fass' es nicht. Auch wenn ich keine Vorurteile gegen – wie du sagst – Menschen aus den neuen Bundesländern habe, muß ich mein Kind doch nicht gleich »Stasi«, »Bautzen« oder eben »Wismut« nennen. Das hat doch nichts miteinander zu tun.
– Find' ich schon!
+ Ich geb's auf. Schluß. Ende. Können wir uns wenigstens auf »Wismar« einigen? Das liegt auch in den neuen Bundesländern, ist aber wenigstens nicht verstrahlt.
– Da find' ich »Wisconsin« schöner, gerade im Herbst.
+ Okay. Meinetwegen!

DIE DEUTSCHESTE ALLER JAHRESZEITEN
Sommer woanders

Das deutsche Wetter ist eine anerkannte Vorstufe zur Depression. Zwei Drittel des Jahres wäre die Kiemenatmung ein echter Evolutionsvorteil. Vier Monate lang aber ist es warm, das Zeug an den Bäumen ist grün, und manchmal sieht man Menschen auf den Straßen sogar lachen. Eigentlich Grund genug, im Biergarten Dauerquartier zu nehmen oder die Freibäder zu okkupieren. Was aber macht der Bundesbürger? Packt sein Geraffel zusammen und düst in die Sahelzone rund ums Mittelmeer. Weder Stau noch Pilotenstreik können die Vertriebenen in der Heimat halten. Zu Hunderttausenden verstopfen sie die Fluchtwege aus Kerneuropa, als sei die UCK hinter ihnen her. Haben die alle 'ne Macke? Oder ist der Deutsche charakterlich ein Reptil, das erst unter Sonneneinstrahlung zum Leben erwacht und in hektische Ortsveränderung verfällt? Zieht es den Deutschen womöglich wie den Aal zur Sargassosee in die Laichgründe seiner Vorfahren zurück? Dort wo Opa mit Rommel unterwegs war, treibt es auch den Enkel wieder hin? Zu erklären ist der sommerliche Büroabtrieb aber doch wohl eher aus dem Gefühl des Überdrusses in der Heimat als durch die Verlockungen der Ferne. Der Reiz fremder Länder besteht weniger in der Annäherung an ihre Kultur als im Sich-davon-Fernhalten. Toll, mal drei Wochen unter Leuten sein, deren doofes Gelaber man nicht versteht. In den Zeitungen sind Personen abgebildet, die man noch nie gesehen hat, kein Schröder, kein Westerwelle, keine Jenny Elvers. Drei Wochen kann man Urlaub machen von diesem ganzen bundesrepublikanischen Schleim, der einem den Rest des Jahres die Synapsen verklebt. Scheiß was auf Zusatzrente und Ökosteuer, Ethikkommission und Nemax 50. Für einen kurzen Moment schweigt der Diskurs der Dämlichkeit, von dem wir zu Hause meinen, darum ginge es wirklich im Leben. Erst unter fremden Menschen, deren Probleme und Kultur einem piepegal sind und deren Idiom man erfreulicherweise nicht versteht, kommt so etwas wie Erholung auf. Selbst die weltweit verfügbare Bildzeitung wirkt unter südlicher Sonne wie ein Witzeblatt aus Kaputtistan. Ein Urlaub in heimatlichen Gefilden ist dagegen wie Fernsehen auf der Terrasse: irgendwie nett, aber es kommt immer noch der gleiche Mist. Ewig aber lockt der Süden: Die sengende Hitze trägt das Ihre dazu bei, den Brägen zu sedieren, und wunderbarerweise sind die Alkoholika beim Spanier und Italiener nicht nur lecker, sondern auch noch spottbillig. Wer dann angesäuselt des Mittags in den lauwarmen Fluten rudert, ja der vergißt für kurze Momente, wie seltsam entfremdet doch sein Dasein im fernen Germanien ist. Das Rätsel aber bleibt bestehen, wieso ausgerechnet im Sommer diese Flucht nach Süden einsetzt. Merkt der Deutsche plötzlich, wie unbeschwert das Leben sein kann, wenn die Sonne auch außerhalb des Fernsehers scheint? Will er dann auch den Rest der Nieselregenwelt nicht mehr sehen? Diese trübsinnigen Gesichter von Joschka Fischer oder Angela Merkel. Nix wie weg! Und je beschwerlicher die Anreise, desto wertvoller der Lohn. Wer einen halben Tag in 70 Kilometern Stau zugebracht hat, dem erscheint Italien noch mal so schön. Passenderweise ist der Stau zumeist ja auch noch auf deutschem Boden. Und das letzte, was die Vertriebenen sehen von ihrer Heimat, ist eine stinkende Autoschlange. Da fällt der Abschied auch bei gutem Wetter nicht schwer. Und der Lohn für nur zwei Wochen faul am Strand liegen ist gar fürstlich: So fanden Wissenschaftler erst vor kurzem heraus, daß dabei der IQ schon um 20 Punkte sinkt – bestens gerüstet für den Tag der Heimkehr, der unweigerlich einmal kommt. Wie durch eine Druckausgleichsschleuse müssen dann alle erneut den Stau durchleben. Erst wenn sie im Verkehrskompressor wieder zum normalen Deutschen wurden, halten sie die nächsten acht Monate Nieselregen durch, mit all den Nieselregendiskussionen über Dosenpfand und Pflichtfach Religion. Zwei, drei Wochen geht den Rückkehrern das alles noch gepflegt am gebräunten Arsch vorbei. Dann aber sind sie wieder ganz die Alten und regen sich tierisch auf über »die Aussetzung der Anpassung der Renten an die Erhöhung der Nettolöhne« zum Beispiel. Willkommen zu Haus!

Isabella

– »Isabella!« »Isabella!« Hach, ich bin ganz begeistert. Was für ein schöner Name! Er riecht nach mediterranen Kräutern, nach Seeluft, nach, nach …
+ … Indianern mit appen Köppen!
– Was soll das denn?
+ Isabella von Kastilien, Columbus, Conquista, Amerika, appe Indianerköppe!
– Du perverses Stück! Du bist der einzige Mensch, der bei dem wunderschönen Namen Isabella an gemordete Indios denkt. Kannst du denn dabei an nichts Normales, Schönes denken?
+ Doch, an Motoröl!
– Was ist daran schön?
+ Ich finde Motoröl sehr schön und wenn's 'n Junge wird, können wir ihn ja Borgward nennen.
– Nu isser komplett verrückt geworden. Borgward? Was soll das denn, is das der Name eines mittelalterlichen Pfandleihers, haha?
+ Nein, einer Bremer Automarke, und ein Modell hieß Isabella!
– Männer! Haben nur Autos und Motoren im Kopf.
+ Das kannst du nich' sagen, ich hab' zuerst an appe Indianerköppe gedacht.
– Das ist doch dasselbe!
+ Motoren und appe Indianerköppe sind dasselbe? Jetzt spinnst du wohl total.
– Dann spinn' ich eben meinetwegen, aber das sag' ich dir, Freundchen, mit dir red' ich kein Wort mehr über den Namen unseres Kindes.
+ Dann lass' es!
He! Danlasses Brakensiek – toll, das ist der Name, der Name eines Herrschers, des Bruders von Ulysses!
+ Hättest du dich doch acht Monate früher vasektomieren lassen.

IMMER DEM WURM NACH
MännerSex

Männer wissen zwar kaum, wie es geht, noch weniger, was das alles soll, nur eines wissen sie: Das Zeug muß her! Gemeint ist Sex.
Das männliche Ego ist wie ein Heißluftballon. Wenn nicht in regelmäßigem Abstand unten der Brenner zündet, fällt die Hülle in sich zusammen. Den entsprechenden Zünder nennt man Frau. Es gibt ihn in unterschiedlichen Darreichungsformen, als Geliebte, Ehefrau, Prostituierte oder eben mal zwischendurch. Welcher grade paßt, hängt von Alter, Tagesform oder Grad der sexuellen Verwirrung beim Probanden ab. In jedem Falle rennt er seiner Erektion hinterher und vergißt darüber alle anderen Vorsätze, Versprechungen und Verhaltensregeln. Doch der Mann an sich ist ja kreativ, und so nagelt er sich den Sex passend in sein Weltbild rein. »Ich liebe meine Frau und würde sie nie betrügen – außer mit dir!« Das hat doch Gesicht! Oft sind allerdings auch die angesprochenen Frauen so doof, daß sie die winzige logische Ungereimtheit in diesem Statement nicht bemerken, sondern sich sogar noch gebauchpinselt fühlen. Sind beide Beteiligten absolute Nichtblicker, wird der Mätressenstatus flugs in eine neuerliche Eheform gegossen. Hier kann der Sex dann ordnungsgemäß erkalten, und der Ringelpitz beginnt aufs neue. Männer oszillieren immer zwischen dem Bedürfnis, Frauen auf ewig an sich zu binden und die dann Angebundenen sofort wieder zu verlassen – natürlich nicht wirklich, sondern nur untenrum. Leben sie

mit einem Nichtmann zusammen, leiden sie angeblich ständig unter zuwenig Sex. Sollte allerdings die Gefährtin die Unverfrorenheit besitzen und ihrerseits häufiger mal zudringlich werden, wird aus dem virtuellen Stecher ein kleines Bündel Impotenz. Aus verbalen Deckhengsten werden ganz schnell reale Jammerlappen. Nichts törnt einen Mann derart ab wie eine Frau, die etwas von ihm will. Eine schöne erotische Sackgasse, in die sich da unser Lendenlahme hineinmanövriert hat. Was er eigentlich will, ist sowieso nicht der Sex mit einer Frau, sondern die grölende Nachbereitung vermeintlicher Heldentaten mit anderen Männern. Und weil da sowieso gelogen wird, bis sich die Balken biegen, kann man sich doch gleich den ganzen Kram zusammenflunkern. So haben alle Beteiligten ihre Ruhe und eine Menge Spaß ohne Reue.

Friedhelm

– Du, Schatz, ich glaube, daß die Zeit dieser ganzen modernen Namen im Grunde vorbei ist. Schluß mit den ganzen Jessicas und Jannicks. Die guten alten Vornamen werden zurückkehren.
+ Adolf und Eva, Kain und Abel, Dick und Doof... sicher.
– Quatsch, die meine ich natürlich nicht, sondern zum Beispiel »Friedhelm«.
+ Im Zeitalter der Helmpflicht schon für Kinderfahrräder keine schlechte Wahl.
– Veralber' doch nicht alles! »Friedhelm« ist ein Name, der sehr gut zu einem Bürger in einer wehrhaften Demokratie paßt, finde ich.
+ Wie bitte? Wehrhafte Demokratie?
– Na ja, zwar Frieden, aber nicht ohne Helm quasi, nicht ungeschützt vor den Aggressionen anderer, also kein blauäugiger Pazifismus.
+ Wenn der Name dann mal nicht unter das Vermummungsverbot fällt, haha...
– Blödmann!
+ Auch kein schlechter Name!
– Reiß dich zusammen! Ich finde, bei »Friedhelm«, da weiß man, woran man ist.
+ Aha, da will die Frau werdende Mutter wohl ein Zeichen setzen im Strudel des Multikulti. Seht her, mein kleiner Rotzlöffel ist ein 1a Deutscher, guckt mal, ich nenne ihn sogar »Friedhelm«, damit er später mal nicht bei einer Kurdenrazzia hops genommen wird, haha...
– Was, du willst mir Rassismus unterstellen, gerade du, das ist doch wohl mehr als lächerlich. Gut! Wenn du »Friedhelm« zu deutsch findest, dann nenn' ich ihn eben »Pax Shoei«.
+ Was soll denn der Scheiß?
– Shoei ist eine angesehene japanische Helmfirma!
+ Um Gottes Willen!

NACHZUCHTBECKEN FÜR DEPRESSIONEN
Bahnhof in der Kleinstadt

Der Bahnhof einer Stadt mit 50 000 Einwohnern, also nicht in irgendeinem verratenen Kaff, in dem der Zug an einem Unterstand aus Faserzement hält. Das hier ist schon ein anständiges Gebäude, errichtet in einer Zeit, als »Architekt« noch kein Schimpfwort war. Ich betrete die Bahnhofshalle, um eine Tageszeitung zu kaufen, kein ungewöhnliches Ansinnen, wie ich bis dahin noch glaube. Innendrin geht es zur Linken in die Teppichfliesen-Reste-Scheune, rechter Hand lockt ein Badelatschen-Discounter mit Plastepantinen für fünf Mark. Dort wo einst der Schalterbeamte hinter Glas seinem Ruhestand entgegendämmerte, hockt nun ein unrasierter Existenzgründer zwischen 500 Witzeschildern aus Messing. Zum Beispiel. »Ins Waschbecken pinkeln verboten!« für 19,95 DM oder für den, der was Nettes sucht, »Muschis rasieren – heute umsonst!«, nur drei Mark mehr. Der Shopeigner ist von jenem Typus Mensch, der ab zu mit einer Zeitung an der Haustür läutet und gegen den man sofort Vorurteile hat. Hier verkauft er leider keine Zeitungen. In dem ganzen Bahnhof wird überhaupt nichts angeboten, was man auch nur annähernd gebrauchen könnte. Gut, wer weiß, vielleicht gibt es ja Fahrgäste, zu deren absolut notwendigem Reisebedarf schorfige Teppichfliesen oder Plastiklatschen gehören. Seitdem die Wahn AG ihre Immobilien vermarktet, statt sie ihrem eigentlichen Zwecke nach zu betreiben, ziehen die Billig-Basaris in die historischen Gebäude ein. Laufkundschaft gleich Null, Erlebniswert unter Null: da bleibt nur der Jawoll-Markt oder ein Discounter für Heimtiernahrung. Da der Pansengeruch dem eines Treppenhauses im sozialen Wohnungsbau frappierend ähnelt, kommt auch sein Bewohner gern in die einstige Bahnhofshalle. Dessen Grundbedürfnisse nach günstigem Frühstückskorn und liegengelassener Bildzeitung befriedigt alsbald eine warzige Imbißecke, wo sonst das Bahnhofsrestaurant immerhin aushaltbaren Service bot. In der Mittagspause schaut schon mal der Verkäufer vom Teppichreste-Funparadies herein, trifft sich dort mit seinen Kumpels, die vom Sozialamt zurückkommen, und schwuppdiwupp steht der Hecht von 1000 verbrannten Filter-HBs in der Luft. Das einstige Repräsentationsgebäude der Reichsbahn im nachgemachten Tudorstil der Jahrhundertwende hat seinen Namen zum ersten Mal wirklich verdient: Abfertigungsgebäude. Und während innen drin Gestrauchelte aller Altersklassen die Belastbarkeit ihrer irdischen Hülle täglich überprüfen, steht draußen unterm Wellblechdach der Reisende und friert dem letzten Interregio entgegen.

THE DAY AFTER
Frühstück im Hotel

Aufwachen in einem Hotel ist wie am letzten Tag in einer irakischen Todeszelle: Schlüsselklirren auf dem Flur, die Tür wird aufgerissen, zwei finstere Gestalten in Uniformen poltern herein, fuchteln mit langen Prügeln in der Luft herum und reden in fremden Zungen. Doch so überraschend wie er kam, ist der Spuk auch wieder vorüber. Gegen das überfallartige Auftauchen der Putzgeschwader in der Hoteldämmerung hilft nichts: weder das »Bitte nicht stören«-Schild noch die Verriegelung des Eingangs. Die Schergen sind mit Generalschlüsseln und Bolzenschneidern bestens versorgt. Aus Rache dafür, das Zimmer nicht frei vorgefunden zu haben, stellen sie den zweimotorigen Staubsauger direkt vor die Tür und wummern minütlich mit dem Saugrüssel gegen die Zarge. Nach anderthalb Stunden haben sie keinen Bock mehr zum Rumnerven und verziehen sich wieder in den Hotelkeller zu den andern Asseln. Uns gelingt es, zurück in einen leichten Schlummer zu fallen, bis nach zehn Minuten die Tür erneut aufgerissen wird und ein weiterer Iraki in der Bude steht: »Mache Minibar auffülle«, kann er noch sagen, bevor ihn die Fernbedienung an der Schulter trifft. Doch nun ist es zu spät, wir sind wach und torkeln in die Naßzelle. Nach grober Beseitigung des Schlachtfeldes, das die Minibar in unserem Gesicht hinterlassen hat, sind wir reif für den Frühstücksraum. Fremde Leute beim Frühstück ist das Perverseste, was ein junger Tag zu bieten hat, mal abgesehen von dem Frühstück selbst: zehn Quadratmeter

Matjessalat, Apfelkuchen, Schlimme-Augen-Wurst und ein Dutzend Eimer mit Hühnerfutter. Vor den Blicken des sensiblen Mitteleuropäers abgeschirmt befindet sich der Schweinefraß, den sich der Brite am Morgen ins Gesicht stopft: Bratwürste in bräunlicher Jauche, mumifizierte Speckschwarten, verfaulte Pilze und Bohnen an Eiter. Selbst das Rührei, an sich kein komplexes Gericht, schmeckt fad und schwammig. Für passionierte Kaffeetrinker geben sich die Hotels noch extra viel Mühe. Damit das Koffeingetränk auch schön altfüßig schmeckt, wird der Kaffee immer von der Spätschicht schon am Abend vorher aufgebrüht und in Thermoskannen abgefüllt. Dann läßt man ihn am Morgen nur noch ein halbes Stündchen auf der Toilette atmen und schon hat man den unnachahmlichen lauwarmen Geschmack nach aufgekochter Fußmatte, den wir Kaffeegenießer so schätzen. Just in dem Moment, wo wir uns für die am wenigsten ekelerregenden Bestandteile des Büfetts entschieden haben, beginnen die Saalsheriffs mit dem Abbau. Hungrig kehren wir in unsere Zelle zurück und stellen fest, daß die Zeit unserer Abwesenheit von Saddams Palastwache genutzt wurde, um in dem Zimmer eine Orgie an asiatischer Faltkunst zu veranstalten. Selbst das Toilettenpapier ist dreimal gefalzt, und aus unserem Personalausweis hat einer der Künstler einen Papierflieger gebastelt. Entnervt raffen wir unsere Sachen zusammen, gehen zur Rezeption und schlagen den Portier nieder. Vielleicht bekommen wir so ein anständiges Zimmer für die nächste Nacht – auf dem Polizeirevier.

BLAUE MINNA DER GLEISE
Eine Fahrt im Bistrowagen der Mitropa

Eine Luft wie hinter einem russischen LKW, ein Gedränge wie beim Bockbieranstich auf dem Petersplatz: das ist der Bistrowagen der Mitropa. Hier trifft sich der Suchtraucher mit dem Stehplatzloser aus der zweiten Klasse. Irgendwo muß ein Casting für Vorhermodels der Präimplantationsdiagnostik stattfinden, denn schon der fünfte genetische Freestyleentwurf drängelt sich zum Ausgabeschalter und läßt sich seinen grünen Tee erneut aufgießen. Das Angebot der Woche ist der Ukrainische Graupeneintopf für 12,80 DM inklusive Bräteinlage. Dasselbe Photo diente auch schon dem tadschikischen Hirsepfeffer als Illustration. Zwei Monteure auf Heimaturlaub gehen lieber auf Nummer Sicher und lenzen pro Viertelstunde ein Radeberger vom Faß. Dabei werden an die hundert Marlboros vernichtet. Stehen ist angesagt im Bistrowagen, das wußten dessen Designer anscheinend aber nicht, denn die Fenster sind in Bauchnabelhöhe eingebaut. Ab und zu bückt sich jemand zum Hinausschauen, wenn's eine Frau ist, gucken ihr alle auf den Arsch. Sonst passiert nicht viel. Alle 300 Kilometer etwa schmeißt sich jemand vor die Lok, und dann steht der Zug, bis die Teile eingesammelt sind. Diesmal 50 Meter vor dem Bahnhof Wuppertal-Elberfeld. Jeder erzählt eine blutige Anekdote aus seinem Vielfahrerdasein: wie der Schaffner mal mit einem triefenden Frauenkopp durch den Wagen gegangen ist oder eine appe Hand am Fenster klebte. Endlich meldet sich der Moderator aus dem Führerstand:

»Infolge eines Personenschadens verzögert... voraussichtlich... alle Anschlußzüge... haben Sie Verständnis... Türen nicht geöffnet... blablabla. Alle fummeln nach ihren Handys und wischen sich bei entfernten Frustabtretern den Ärger von der Seele. Nach zwei Stunden ruckelt das Mobilitätswunder die restlichen 50 Meter in den Bahnhof rein. Die Fahrgäste, die hier aussteigen wollten, sind kurz vor dem Nervenzusammenbruch, die Monteure mit dem Radeberger-Abo stinkenbreit. Sie hatten infolge des zweistündigen Zwangsaufenthalts die Alkoholmenge falsch berechnet und kotzen jetzt nicht wie geplant in die Bahnsteigunterführung, sondern auf einen Samsonite-Trolley zu ihren Füßen. Dessen Herrchen, ein verschreckter Japaner, traut sich nicht, diese kulturelle Eigenart der fremden Kultur zu kommentieren. Jedenfalls kommt auf diese Weise raus, daß die beiden Kollegen auch schon bei dem ukrainischen Graupeneintopf vorstellig geworden sind. Der Zugbegleiter, ein dickliches Mädchen in absurder Uniform betritt das Zwischendeck und verlangt die Fahrausweise einzusehen, gleitet noch im Sprechen auf dem ukrainischen Gewölle aus und schlägt lang ins Abteil. »Tritt sich fest«, moduliert einer der Monteure seinen vergorenen Atem zu einem immerjungen Scherz am Rande. Mittlerweile ist die Gästeschar der Mitropa-Klause zu einer Schicksalsgemeinschaft geworden, und als der Zug endlich Köln erreicht, beschließen die härtesten unter ihnen, Termin Termin sein zu lassen und sich im Bahnhof lieber einen umzuhängen. Huharharhar, wie schön kann doch das Leben sein, wenn man es nimmt, wie es kommt.

ONE-NIGHT-STAND MIT MINIBAR
Hotel

Dieser Geruch, allein der Geruch – wie in einer Rentnerwohnung mit inkontinenten Sohlengängern. Genauso müffelt jeder deutsche Hotelflur. Und damit das Odeur nicht flöten geht, beatmen Hilfstruppen täglich die Auslegware mit dem Klopfsauger. An jedem Flur sind um mehrere Ecken herum ein paar Dutzend Zimmer aufgereiht. Die Numerierung hat der Innenarchitekt mit der Random-Taste seines Laptops festgelegt. Will man die Urin-Loipe in Richtung der angemieteten Zelle verlassen, gilt es mit Hilfe einer Plastikkarte den magnetischen Code eines Schaltkastens an der Tür zu knacken. Nur Taschendieben und Gynäkologen gelingt es auf Anhieb, die Karte mit der nötigen Feinfühligkeit in den Spalt einzuführen. Der normale Bekloppte arbeitet an dem Kasten wie ein Karnickelrammler, bei dem der Gaszug klemmt. Hat schließlich ersatzweise ein Hotelfuzzi die Tür geöffnet, brüllt uns gleich die Glotze an, und auf dem Bildschirm steht in Super-Mario-Lettern: »Herzlich willkommen Herr Wischmeyer, Ihre Regent-Palace-Sunrise Gruppe«. Nach 20minütigem Gefummel an der monströsen Fernbedienung gelingt es, die Glotze abzuwürgen, ohne daß ein gebührenpflichtiger Fickelfilm aus Versehen losflackert. Auf dem Nachttisch steht eine Literflasche Leitungswasser mit einem Kärtchen dran: »Genießen Sie die kleine Aufmerksamkeit Ihres Sunrise-Hotels.« Gott sei Dank entdecken wir noch rechtzeitig den mikroskopisch kleinen Preis: 18,90 Mark soll die Aufmerksamkeit kosten. Die Naßzelle besticht durch die übliche Anordnung der Sanitärobjekte: Toilettenschüssel unter dem Waschbecken, Dreieckdusche für bulimische Leptosome und Handtuchtrockner mit obligatem Warnschild. »Der Umwelt zuliebe benutzen Sie bitte keine Handtücher, sondern trocknen sich mit Ihrem alten Schlüpfer ab, vielen Dank.« Der Hauptraum der Vertretersuite hat neben der Liegestatt noch Raum für ein altrosa Cocktailsesselchen und einen winzigen Schreibtisch. Darauf steht noch eine Pulle H20 für fast einen Zwanni und ein Plastikständer mit 150 Prospekten. Nicht einer davon bezieht sich auf die Stadt, in der wir gerade weilen. Alle 150 Hochglanzleporellos bewerben die anderen Objekte der Regent-Palace-Sunrise-Gruppe, nur deren Coverseiten sind verschieden. Der nächste Schritt in der Erkundung unserer Unterkunft ist das Enträtseln der Beleuchtungsfunktionen. Acht Kippschaltern gilt es fünf Lampen zuzuordnen. War gar nicht so schwer: Die unterhosige Nachttischlampe läßt sich vom Bad aus bedienen, und an der Eingangstür aktiviert man den Rest. Nur die Minibar läßt sich natürlich nicht ausschalten. Was ein Glück, denn sonst wüßten wir auch gar nicht, wie wir alle 20 Minuten aus dem Schlaf schrecken könnten, würde nicht der polnische Kühlermotor regelmäßig anspringen. Das Bett, eigentlicher Zweck unseres Verweilens, besteht aus einem Winterüberwurf für Kriegselefanten und der darunter liegenden Milbenheimstatt namens Matratze. Hier drauf haben Tausende vor uns unter abscheulichsten Vorzeichen Geschlechtsverkehr ausgeübt, ihren Körperparasiten Landgang gewährt, geschwitzt, geröchelt und herumgeeitert. Um jetzt dennoch den Schlaf zu finden, hilft nur der beherzte Griff in die Minibar: zehn Gin Tonic 187 Mark. Prost.

SCHLAFSOFA, HI-FI-KONSOLE, SCHAMPINNIONFANNE
Möbelcenter

Ratlos blickt der Pfarrer auf die leeren Kirchenbänke: Wo sind all die Schäfchen hin? – Ja, die sind alle im Möbelcenter, der Kathedrale unserer Zeit. Jeder wichtige Tag im Leben, jeder Wendepunkt und entscheidende Moment wird im Möbelcenter gefeiert, nicht im Gotteshaus. Wird pro forma zwar noch vor dem Altar der Treueeid abgelegt, so geschieht der eigentliche Schwur auf die gemeinsame Zukunft beim Besuch im schwedischen Möbelhaus. Zusammen bei IKEA die Gänge durchstreifen, ein verstohlenes Probeliegen auf Björkvalla mit verstellbarem Kopfteil und zum krönenden Abschluß eine Schaufel Kötbollar mit Pommes im Schnellrestaurant – das ist das Eheversprechen unserer Tage. Ist dann genug auf Björkvalla, Design Ehlén Johansson, rumgehoppelt worden, stellt sich schon bald ein kleiner Knut-Yannik ein, und auf geht's wieder ins Möbelcenter. Furz-Patrick kommt in ein Terrarium mit roten Plastikkugeln, und die Mami und der Papi kaufen unbehandelte Kistenmöbel für den kleinen Allergiker. Schon bald ist die junge Familie im ewiggleichen Trott erstarrt, doch es fehlt das Geld für Spaßbad und Erlebniswelt. Da bietet sich als preisgünstige Wochenendgestaltung der Schautag im Möbelcenter an: Die Hüpfburg für die Blagen, für Papa spielen sieben Polen Dixieland, und das Pils, das kostet eine Mark. Mama unterdessen schielt schon nach der neuen Küche, Landhausstil 5 500 Mark ohne Einbaugeräte – hach ja, die wäre schön. Zum Schluß, da gibt es für jeden noch eine Wurst, und zufrieden brummt die Family zurück ins Eigenheim. Am andern Tag, da muß Papi wieder auf den Bock; Fernfahrer ist der gute Mann und hat demzufolge immer Hunger. Raststätte und Autohof, das schmeckt ihm schon lang nicht mehr. Doch der Papi ist ein gewitztes Bürschchen, und nach 270 km Autobahn leuchtet von fern das verheißungsvolle Schild Möbel Willi – der Polsterdiscounter. Schon steuert er seinen 40tonner bei Willi auf den Möbelhof. Hier, weiß er, gibt's ein Restaurant im Tiefgeschoß, da sind die Schnitzel so groß wie Klodeckel, und Kaffee wird ständig nachgeschenkt. Unterdessen ist zu Haus im Eigenheim auch Mittagszeit, doch Mami ist das Kochen schon seit Jahren leid. Wozu sich auch selber an den Herd stellen, hat doch nebenan das Dänische Bettenlager ständig wechselnden Mittagstisch. Für fünf Mark Gyrospfanne plus ein Getränk nach freier Wahl, das kriegt man selbst doch gar nicht hin zu dem Preis. Außerdem sind auch die ganzen anderen Mütter dort im Bistro-Grill am Bettenlager und rauchen und werfen Geld in Spielautomaten, und der kleine Pups-Kevin ist im Raum mit den roten Plastikkugeln. So spielt das ganze Leben rund ums Möbelcenter, und wenn dereinst der Pferdefüßige ante portas steht, dann gibt's bei Porta sicherlich auch ein attraktives Erdmöbel für den letzten Aufenthalt.

ABONNENTINNEN DER ARSCHKARTE
Frauen

Die Natur, der alte Faschist, interessiert sich einen Dreck für das Glück des Individuums; einziges Ziel ist die Weiterführung des Schlamassels in der nächsten Generation. Zur besseren Aufbereitung des Erbmaterials ließ sie sich irgendwann die geschlechtliche Fortpflanzung einfallen – dazu braucht es zwei verschiedene Typen von jeder Art. Albern, zu glauben, diese hätten gleich viel zu lachen. Beim Menschen heißt der Inhaber der Arschkarte »Frau«. Unentrinnbar hockt das Wesen in seiner Evolutionsfalle und versucht sich freizustrampeln. Schon allein die Chance, bei einer Geburt den Löffel abzugeben oder sich zumindest den Body-Shape auf ewig zu ruinieren, ist hunderttausendmal größer als beim Samenerguß. Das sich anschließende Gepäppel der Nachzucht findet zum größten Teil weitere zwei Dezennien auf dem Rücken der Muttertiere statt. Traurigste Erscheinungsform der üblen Falle ist »die Alleinerziehende«, ein notorisch unterfinanziertes Gebilde, das zumeist freiwillig auf den bezahlten Beistand eines häuslichen Heloten verzichtet – ganz schön doof. Gewitzte Mädels haben natürlich den Schmu mit dem Mutterglück durchschaut und sich der beruflichen Karriere zugewandt. Lange überlegten die Männer, wie man dort die Hasen am besten über den Löffel balbieren könnte. Jahrzehntelang versuchten sie es mit Leichtlohngruppen, in denen unterbezahlte Fabriksklavinnen dem Traum von der eigenen Waschmaschine nachhingen. Dann aber kam der Automat, und Sense war mit Fleischsalat-

Abfüllen im Akkord. Schließlich erfand der Mann die Emanzipation der Frau, das bisher abgefeimteste Instrument zur Ausnutzung des Weibes. Herbeigelockt durch unkontrollierten, ja rauschhaften Schuh- und Fummelkonsum, verfielen diese Frauen ab 30 dem Rattenrennen des Kapitals. Geschickt wurden sie dabei von den Männern in Positionen just unterhalb der wirklichen Machtschwelle gehieft. Optimal geparkt leisten diese Ausputzerinnen der männlichen Faul- und Unzulänglichkeit Übermenschliches. Kinder ist natürlich nicht, Urlaub auch nur in kleinen Dosen, und Überstunden sind im Gehalt mit drin. Da eine Frau sich während der Arbeitszeit ja tatsächlich den betrieblichen Aufgaben widmet – statt ständig zu überlegen, wie man den Chef umbringen kann –, kommt eine Menge dabei raus. Während der Boß beim Golfen oder der Massage weilt, schmeißt die Deputy-Tante den Laden und ruiniert ihre Gesundheit. Damit die viel zu hohe, aber leider recht hinderliche Intelligenz nicht die Oberhand gewinnt, wird der Körper in Richtung Auslösereiz geshapet. Als Prado- oder Mangofregatte getakelt, nimmt sie ihre kleine Rache an den Audi-Quattro-Fahrern und diese auf Kurzbesuche mit ins Bett. Wenn jedoch die ersten Anzeichen des Herbstes über die Fassade wehen, muß sie es geschafft haben, den Chef umzubringen. Sonst drohen Trommelworkshop und Feng-Shui-Beratung. Doch selbst dann ist sie nicht sicher vor einer Einladung zum Wochenendworkshop »Starke Frauen«. Viel Spaß dabei. Die Löwenmännchen liegen weiter in der Serengeti und lassen sich die Sonne auf den Pelz scheinen.

DAS TRÖPFELN DER LENZPUMPEN
Frühlingsgefühle

Jedes Jahr im April erlaubt sich dieser ganze Mist um uns herum einen besonderen Scherz: Es wird behauptet, der Frühling sei da! Schon am 20. März wurde kalendarisch der Lenz eingeläutet, fünf Tage später die Sommerzeit eingeführt. Autofrühling beim Subaru-Händler, Bikinidiät in der Bildzeitung. Was aber passiert wirklich da draußen auf der Erdoberfläche: Es graupelt, nieselt, regnet, es ist arschkalt, und der Blizzard steht waagerecht im Vorgarten. Kurz: Es ist ein Schweinewetter, alles ist voller Schlamm, und der Himmel wölbt sich wie eine riesige Eiterglocke über die Welt. Na prima, und diese absolut überflüssige Jahreszeit gebiert dann die sogenannten »Frühlingsgefühle«? Gemeint ist damit seltsamerweise nicht das Bedürfnis, Omas Tablettenschrank auf ex runterzustürzen oder mit dem Tapetenmesser im Unterarm rumzuschnitzen. Nein, Frühlingsgefühle sind ein Syndrom unterschiedlichster Endorphinausschüttungen, die sich alle mehr oder weniger um eine gesteigerte Zeugungsbereitschaft ranken. Im Frühling, so geht die Sage, erinnere sich der Mensch seiner Verwandtschaft mit dem Tier und buhle um die Gunst potentieller Partner, ja liebäugle sogar mit außerplanmäßigem Genitalkontakt. Welch eine Sauerei, sich auf das unschuldige Viehzeug dabei zu berufen. Wenn die Tulpe im April aus dem Modder raustrompetet, ist die Ricke längst durch mit Poppen und hat bereits ein Kitzchen in den Mais gesetzt. Das Tier an sich nutzt die Zeit, wo eh nichts los ist, in der Pampa zum Balzen, Brunften und

Beschälen. Nur dem Menschen, diesem Weichei, ist der November nicht erotisch genug. Statt am Totensonntag mal dem Muttertier auf die Schwarte zu rücken, meint er, die Stimulanz knospenden Grüns zu brauchen, um schrittmäßig in die Gänge zu kommen. Haha, und da macht ihm das sogenannte Frühjahr einen gehörigen Strich durch die Rechnung. Nichts als nieseliger Modder und struppiges Gehölz. Zwei Monate lang fault die Natur sich in den Sommer rein, und ehe man sich's versieht, ist der Frühling schon wieder vorbei. Für die Bikinidiät ist es zu spät, die Winterreifen jetzt noch umzuziehen lohnt nicht mehr und überhaupt war das Jahr insgesamt mal wieder scheiße. Mit dem Frühling ist es wie mit der Kindheit: maßlos überschätzt als Zeit der Sonne und des Glücks. Drum wer im nächsten Jahr nicht so trübe in die Tulpen gucken will, soll es halten wie der Hase und der Hirsch: Entdecke die Novembergefühle in dir, und scheiß was auf den Lenz.

Bruce
+ »Bruce« find' ich gut, sogar ziemlich gut – allein wegen Bruce Willis.
– Ein Name wie in feuchter Rektalabgang. Ich hab' mich schon immer gefragt, wie man mit sowas Schauspieler werden kann.
+ Gibt es irgendeinen Namen, Schatz, bei dem nicht sofort deine analen Assoziationen anspringen?
– Detlev!
+ Sieh an, das hätt' ich nicht vermutet. Ich finde »Bruce« auf jeden Fall total männlich …
– Um nicht zu sagen: schwul!
+ Ist Bruce Willis etwa schwul?
– Garantiert! So wie der immer einen auf Macho macht, der kompensiert doch was.
+ Wahrscheinlich bist *du* schwul, so wie du immer darauf herumhackst.
– Wann hatten wir eigentlich das letzte Mal Sex?
+ Was hat das damit zu tun? Keine Ahnung … seit ich schwanger bin …
– Eben, da kann es dir doch vollkommen egal sein, ob ich schwul bin.
+ Und was ist mit Bruce? Soll der mit einem schwulen Vater aufwachsen.
– Warum nicht?
+ Und von wem soll er sich dann distanzieren bei seinem Coming out, wenn der eigene Vater schon ein Andersrummer ist?
– Wie wär's mit seiner verrückten Mutter?
+ Das will ich aber nicht. Bruce soll seine Mami ganz doll lieb haben.
– Bruce, der Mutterficker! Stimmt, das hat Gesicht!

WENN DER MANN AUF ARBEIT IST
Mütter am Vormittag

Drei Stehtische vor einer Tchibo-Repräsentanz, an jedem steht ein ca. 1,70 Meter großes Säugetier und raucht. Das größte der drei tritt urplötzlich gegen eine dreirädrige Karre mit Geländebereifung. Die darin befindliche 60 cm lange Riesenmade hört voller Erstaunen mit dem Schreien auf. Ein Fiat Punto parkt auf der gegenüberliegenden Straßenseite, die Heckklappe wird geöffnet, und ein schwarz eloxiertes Alugestänge zu einer Sitzkarre auseinandergefaltet. Der Faltsäuger öffnet sodann die rechte Hintertür, rupft eine kreischende Made heraus, schmeißt sie in den Klapptransporter und überquert zwischen hupenden Autos die Straße. Zeitgleich drücken Säuger eins bis drei ihre Kippen in den Aschenbechern aus und lecken dem Neuankömmling durchs Gesicht. Alle vier Maden fangen in den Brutkisten ein höllisches Spektakel an. Ein paar Tritte gegen die Gestelle reduzieren den Lärm auf 120 Dezibel. Aus dem benachbarten Feinkostgeschäft hat das Muttertier mit dem rosa Überwurf eine Flasche Prosecco organisiert. Vor lauter Gekicher plörrt es die Hälfte daneben, als es den Frühstücksalkohol auf die leeren Kaffeetassen verteilt. Auf der Madenebene ist erneutes Schreikonzert angesagt. Zwei Bauarbeiter kommen mit der entsprechenden Anzahl Kaffeebechern nach draußen und gesellen sich zu den Säugern, kippen Kümmerlingfläschchen in die schwarze Brühe und flirten das krachendste Geschoß unter den Milchkühen an. Unwillkürlich wird bei der Adressatin die Euterpräsentation optimiert.

Aus Versehen ascht einer der Betonfacharbeiter in die Madenkarre, sofort laufen dort unten die Triebwerke an. Das animiert auch die andern Fortpflanzen zu mörderischem Gebrüll. Die Leute vom Bau sind schlau und verpissen sich. Mittlerweile ist es halb zwölf geworden: Fütterungszeit für die Brut. Mit routiniertem Griff schnappt sich der erste Großsäuger eine Brüllmade aus dem Offroad-Buggy und installiert die zehn Pfund pures Geschrei an seine blauädrige Riesentitte. Mit etwas Glück ist der Prosecco schon in die Blutbahn geschossen, und das Kleine hat auch etwas vom Vormittag. Die anderen drei Schreihälse werden mit einer pissefarbigen Nährlösung versorgt, die sie selbsttätig aus Flaschen mit Ersatzwarzen rausnuckeln. Nach zehn Minuten ist die Madenspeisung beendet, und das ganze einverleibte Zeug kommt stante pede wieder retour. Milchiger Säuglingsauswurf rinnt auf der windabgewandten Seite der Nährtitte hinab in den Orkus der Unterwäsche. Leicht erotisch unterfüttertes Gekicher bei dem zugekotzten Rochen. Kurz vor zwölf: Alles ist versifft, die Aschenbecher sehen aus wie ein Fallermodell Dresdens nach der Nacht im Mai '45, die Reproduktionsgebinde rüsten zum Aufbruch. »Tschaui! Tschüssi! Bis morgen dann!« Zwei Tische weiter trink' ich meinen Kaffee und lese dabei einen Artikel über das Klonen von Menschen zu Ende.

KULLERN WIE DIE KLEINEN
Mikroroller

Lifestylemäßig korrekt auf die Fresse fliegen läßt es sich nur noch mit dem Mikroroller. Konnte man bis vor kurzem noch stolz seine Blessuren vom Skaten und Bladen in der Firma rumzeigen, muß es heute schon die Schädelfraktur vom Kickboarden sein. Um den Trendjunkies gehörig die Penunzen vom Konto zu pflücken, kreierte die Fun-Industrie letztjährig ein besonders idiotisches Selbstverstümmelungsgerät: Einen Tretroller, mit dem sich erwachsene Männer wieder fühlen können wie ein Dreikäsehoch. Emil und die Detektive, die kleinen Strolche, Ferien auf Saltkrokan, so lustig wie damals soll es heute auch noch sein. Drum pesen Banker und Manager, Werbefuzzis und Marketingkrampen mit der höchstwitzigen Reminiszenz an ihre Kindertage durch die Fußgängerzone. Paart man Kinderspielzeug mit gebürstetem Aluminium und High-Tech-Firlefanz, kann man Männern jeden Scheiß andrehen. Wäre die Tiger-Ente aus Edelstahl, würden die Bekloppten sie zu jeder Vorstandssitzung hinter sich herziehen. Und an den Konferenztischen hampelten dann ein Dutzend Spitzenkräfte der Wirtschaft auf chromblitzenden Schaukelpferden herum. Trendiges Sportgerät befällt unsere Innenstädte mittlerweile wie ein Heuschreckenschwarm. Neben der High-Tech-Anmutung ist es für den Erfolg unerläßlich, daß der User bei der Nutzung cool aus der Wäsche gucken kann – das ist auf einem Tretroller natürlich nicht leicht. Noch vor einem Jahr hätte man jeden, der damit durch die City eiert, in die Geschlossene befördert – zu Recht! Doch im Zuge der ungebremsten Infantilisierung unserer Gesellschaft fällt das heute schon keinem mehr auf. Erwachsene lesen Harry-Potter-Romane, sammeln Teddybären oder laufen mit winzigen Rucksäckchen fürs Schulbrot durch die Gegend. Dreijährige hingegen stehen am Klettergerüst und quasseln in ihr Handy. Während die Mami mit der Designergöre im Gucci-Laden verschwindet, kauft sich Papi eine neue Spielhose mit irre vielen Taschen dran, schwingt sich auf das ultraangesagte K2-Kickboard und rollert zum Eisschlabbern mit den Kollegen aus der E-Commerce-Bude. Wie geht es weiter? Managertraining in der Hüpfburg? Förmchenparty in der Alessi-Sandkiste? Die Kleinen sehen es mit Schaudern. Nachdem man ihnen die Zukunft geraubt hat, klauen ihnen die Erwachsenen auch noch die Kindheit.

> **Knut**
> – Du, ich hab' grad so überlegt: Wie findest Du »Knut«?
> + Knut? Warum nicht gleich »Furz«?
> – Manchmal könnt' ich dir so ins Gesicht spucken, ja, weißt du, ich find' dich einfach so gewöhnlich, dann ekle ich mich richtig vor dir, wenn du sowas sagst ...... ich mag das Wort gar nicht in den Mund nehmen.
> + »Knut«?
> – Ach was, nicht »Knut«, das andere Wort, dieses gewöhnliche ... widerlich.
> + Ich finde, jemand, der ernsthaft in Erwägung zieht, seinen Sohn »Knut« zu nennen, der sollte sich bei »Furz« nicht so mädchenhaft anstellen.
> – Wie kannst du sowas nur vergleichen, »Knut« ist doch nicht gleich »Furz« ... iihh, jetzt hab' ich es gesagt, iiiiihhhhhhh!
> + »Furz, kommst du bitte zum Essen«, »Hallo, Furz, komm zur Mami«
> – Hör' endlich auf, du widerst mich an. Außerdem hat es soviel große Männer gegeben in der Geschichte, die auf den Namen »Knut« hörten.
> + Ach ja? Welche denn zum Beispiel?
> – Äh ..... Knut Hamsun, äh, Knut Amundsen, ... äh...
> + Knut Mussolini, Mao Tse Knut, Sitting Knut...
> – Die hießen gar nicht so. »Knut« ist ein altgermanischer Name aus Skandinavien und bedeutet »Starker Mann mit breiten Schultern und einem IQ über 150«.
> + »Furz« ist auch ein altgermanischer Name aus Skandinavien.
> – Ach nein. Und was sollte der bitteschön bedeuten?
> + »Starker Mann mit breiten Schultern und einem IQ über 150, der seinen Eltern bis an sein Lebensende auf den Knien dankt, daß er nicht »Knut« heißt«.
> – Du Arsch.

DIE BIBEL IN FÜNFZEHN MINUTEN
1. Das Alte Testament

Am Anfang war das Wort. Das heißt, es gab kein Bild. Schöner Mist. Kann man von Glück sagen, daß es jedenfalls Gott gegeben hat, denn der hatte Plan von dem ganzen Murks und hat in sechs Tagen das System wieder hochgefahren. Die Betriebssoftware für die Welt nennt sich Schöpfung und ist genauso anfällig wie MS-DOS, irgendwo stürzt immer was ab. Genau wie Bill Gates weigert sich Gott aber, grundsätzliche Verbesserungen an dem zusammengeschusterten Programm vorzunehmen. Damit müssen sich jetzt die Anwender rumschlagen. *Die* entstanden am sechsten Tag der Schöpfung und nannten sich Menschen; erst mal nur einer, und der hieß Adam. Weil sich Onanie als Fortpflanzungsform aber nicht bewährt hat, gab's ruck, zuck noch eine Eva dazu. Die beiden lebten im Garten Eden – waren also obdachlos und hatten keine Arbeit. Aus Langeweile pflückte Eva einen Apfel vom Baum und gab ihn Adam. Das war aber nicht irgendein Baum, der da rumstand, sondern der Baum der Erkenntnis, und der Apfel war so was wie der erste Apple-Rechner, den Adam in die Finger kriegte. Da riß bei ihm die Wolkendecke auf, und er glaubte, mit dieser überlegenen Software kriegt er die Schöpfung alleine in den Griff. Später nannte man das dann den Sündenfall. Gott war natürlich stinkensauer und schmiß die beiden aus dem Paradies. Damals ging das noch, heutzutage hätte Adam einfach seine Fehlbelegungsabgabe gezahlt, und wir lebten alle noch im Garten Eden. Und nach dem neuen Mieterschutzgesetz

wäre Gott die beiden schon gar nicht losgeworden. Jedenfalls fing mit der Vertreibung aus dem Paradies das ganze Elend auf der Welt an. Adam stand da mit seinem Apple-Rechner und versuchte damit die undurchsichtige Welt von MS-DOS zu reparieren. Das klappte natürlich nicht, es kam immer wieder zu Totalabstürzen: Kriege, Epidemien, Hunger, Armut, die ganze Palette.
Aber der Reihe nach:
Adam und Eva hatten zwei Kinder und begründeten damit die moderne Kleinfamilie, genauer gesagt zwei Söhne, und der eine schlug den andern tot. Das war jetzt schon Nummer zwei im Vorstrafenregister der Menschheit: erst Äpfel klauen im Paradies, das lief noch unter Mundraub – nun aber andere Totschlagen, das war einer zuviel. Und Gott beschloß, bei seiner Schöpfung auf Neustart zu drücken, und sandte die Sintflut. Weil er aber keinen Bock hatte, den ganzen Kram neu zu installieren, ließ er Noah am Leben und von jedem Viehzeug und jeder Pflanze auch zwei Stück, so daß die sich selber wieder regenerieren konnten. Logischerweise war Gott kein Anhänger Darwins und der Evolutionstheorie, sonst hätte er gemerkt, daß die ganze Sintflut nichts bringt, weil das verkorkste genetische Material ja weiterlebt. Kurz gesagt, nachdem sich alle nach der alttestamentarischen Dusche wieder aufgerappelt hatten, ging's genauso weiter wie vorher.
Bis sich Gott entschloß, ein drittes Mal in die Software einzugreifen. Er erfand den Monotheismus mit sich selbst als Hauptdarsteller und Vadder Abraham mußte das neue Betriebssystem unter seinen Schlümpfen verbreiten. Damit war das Prinzip des Patriarchats erfunden: Was Papa sagt, ist Gesetz, und es wird gefälligst gehorcht. Um zu gucken, ob Abraham das auch wirk-

lich begriffen hatte, verlangte er von ihm, seinen Sohn Isaak zu opfern. Ja – und was soll ich sagen, Abraham hätte das tatsächlich gemacht. Heutzutage würde einem da womöglich doch das Jugendamt auf die Bude rücken.
Das war auch selbst dem zornigen Gott des alten Testaments einer zuviel, und er vertauschte Isaak im letzten Augenblick gegen eine Ziege. Was für ein Glück, denn Isaak zeugte danach Joseph, einen Schweinepriester, wie er im Buche steht. Unter dessen Geschwistern gab's auch nur Schechereien, was damit endete, daß Joseph als Sklave nach Ägypten verhökert wurde. Da machte er ziemlich Karriere und holte seine Verwandten über die Nachzugsklausel hinterher. Irgendwann kriegte der Pharao dann einen Rappel und ließ alle Kinder der Israeliten umbringen. Nur ein Findelkind namens Moses überlebte unerkannt und erhielt von Gott als Erwachsener einen Geheimauftrag: Auszug aus Ägypten nach Kanaan, ins Land, wo Milch und Honig fließen. Mehr mußte man damals nicht bieten, damit sich ein ganzes Volk auf einen jahrelangen Fußmarsch aufmachte. Der Pharao wollte seine Gastarbeiter aber nicht ausreisen lassen. Da Gott aber mittlerweile einen Narren gefressen hatte an dem komischen Zwergvolk, würgte er den Ägyptern dafür sieben Plagen rein: Heuschrecken, Dürre, Ökosteuer, Solidaritätszuschlag usw. Derart geschwächt, stimmte der Pharao einem Auszug der Israeliten aus seinem Lande zu. Geleitet wurde der ganze Treck von Moses, und das Ziel des Ausflugs war wie gesagt Kanaan und Umgebung, das ab jetzt »Gelobtes Land« hieß. Doch an der Gegend haben die Jungs bis heute keinen Spaß gehabt. Erst wurden sie von den Babyloniern verschleppt, von den Römern vertrieben, von den Engländern eingebuchtet, und heute müssen sie sich mit der Hisbollah

rumschlagen. Also mal ehrlich, wenn das das Gelobte Land ist, möchte ich nicht wissen, wie dann das verteufelte Land aussieht. Zu der Zeit, als die Israeliten da hingelatscht sind, wäre sogar die ehemalige DDR noch frei gewesen. Aber gut, zu Fuß aus Ägypten vielleicht doch zu weit. Jedenfalls hatte Moses keinen Autoatlas dabei, sonst wär' er nicht mitten durch das Rote Meer gelatscht, sondern oben rum, weil's den Suez-Kanal ja noch gar nicht gab. So mußte Gott extra für die Wandergruppe das Rote Meer teilen, damit die da trocken rüberkamen. Was ein Aufwand und Gott war wieder einmal bedient von seinen Leuten. Ich glaube, dachte er sich, ich muß den Brüdern mal wieder zeigen, wo der Hammer hängt. Und er zitierte Moses zu sich auf den Berg Sinai.

Gott zeigte ihm da die Zehn Gebote, damit die Anwender der Schöpfung sich besser orientieren können und wissen, wo's langgeht. Das muß man sich wie eine Art SMS vorstellen: kurz und knapp. Genau wie heute auf dem Handy konnte man damals auf Steinplatten auch nicht groß ins Labern kommen. Noch nicht wissen konnte Gott natürlich, was Marshall McLuhan Jahrtausende später rauskriegte: Das Medium ist die Botschaft. Was sich also über die Zehn Gebote durchsetzte, war nicht der Inhalt, sondern das Dezimalsystem. Gut – immerhin etwas. Nun saßen die Israelis jedenfalls in Palästina rum und hatten gegenüber ihren Nachbarvölkern zwei entscheidende Vorteile. Erstens hatten sie den Monotheismus, was wesentlich leichter zu merken war als die Systeme von den anderen, und zweitens hatten sie den Sabbat, also einen Tag Urlaub in der Woche. Den hatte Gott seinerzeit noch selber eingeführt und sich damit zum Volkshelden aller Gewerkschafter gemacht.

In der Geschichte der Christenheit gab es immer wieder Figu-

ren, die an Gott gezweifelt haben, angefangen hat es aber umgekehrt: Gott hat an dem Menschen gezweifelt, er konnte sich nie sicher sein, daß die Jungs auch wirklich parierten, und so hat er sich einen Test überlegt. Er erschuf den Satan, der von nun an dem Menschen die volle Dröhnung an Schlechtigkeiten rüberbrachte. Sein erstes Opfer war Hiob, und Gott wollte wissen, ob der noch weiter für ihn wäre, obwohl Satan ihn mit Krankheit und Tod überhäufte. Hiob hat den Test bestanden, aber von da an ging allen die Muffe, daß Gott sich noch häufiger solche Scherze einfallen ließe. Das war nicht gerade das, was man sich unter einem lustigen Leben vorgestellt hatte, dauernd Angst vor Prüfungen zu haben.
Die Israelis wurden regelrecht nervös, und sie saßen rum und warteten auf den Messias, so eine Art Außendienstmitarbeiter von Gott: Wenn der käme, wäre alles wieder so wie früher, ohne den ganzen Prüfungsstreß andauernd. Als er dann endlich kam, haben sie's nicht gerafft, und damit beginnt der zweite Teil der Bibel, das Neue Testament.

DIE BIBEL IN FÜNFZEHN MINUTEN
2. Das Neue Testament

Das können wir ganz kurz abhandeln, weil die Story erstens etwas dünn ist und zweitens scheiße ausgeht. Wären die vier Apostel mit diesem Drehbuch irgendwo aufgelaufen, die wären selbst bei der hessischen Filmförderungsanstalt abgeschmettert worden.

Das ist im groben das Storyboard: Volkszählung im römischen Protektorat Judäa und Galilea. Zwei Randexistenzen zuckeln mit dem Esel zum Einwohnermeldeamt nach Bethlehem. Blöderweise hat die Frau einen Braten in der Röhre, und es kommt zur spontanen Hausgeburt in einem landwirtschaftlichen Nebengebäude. Komischerweise ist sofort klar: Der Typ mit dem Esel ist der Gehörnte, und der richtige Vater ist Gott. Und die Mutter ist eine Jungfrau. Das ist so ein schwachsinniger Anfang, daß es fast 2000 Jahre gedauert hat, bis Leo Kirch den Kram verfilmt. Die Story kommt dann auch noch ein bißchen in die Gänge, als eine Woche später drei angebliche Könige aus dem Morgenland vorbeigucken und Geschenke bringen: aber nichts, mit dem die Obdachlosenfamilie was anfangen könnte: Weihrauch und Myrrhe, ja vielen Dank, davon wird der kleine Jesus auch nicht satt. Und so wächst – wahrscheinlich infolge von Mangelernährung – ein kleiner Spinner heran. Im Alter von zwölf Jahren tritt er das erste Mal richtig auf den Plan: Er verjagt die Dealer aus dem Tempel. Natürlich völliger Blödsinn, das kann einem jeder Kriminalexperte sagen: Dann treffen die sich eben woanders für ihre Dealerei. Jedenfalls gibt das Jesus

den richtigen Kick, und er ist mittlerweile fest davon überzeugt, daß er der Sohn Gottes ist. Da es damals noch keine Streetworker und andere soziale Einrichtungen gibt, kann er seinen Wahn voll ausleben. Als junger Erwachsener latscht er übers Wasser, macht an Behinderten rum, und weil IG-Metall Chef Zwickel noch nicht geboren ist, gelingt es ihm, 5000 Leute in Brot zu setzen.
Mit der Zeit wird er so was wie eine Lokalberühmtheit, und es finden sich zwölf Jünger, die mit ihm als Truppe durch Palästina ziehen. Das ist damals nichts Besonderes: Heilsbringer und angebliche Messiasse touren durch die Lande wie heutzutage die BoFrost-Wagen und Vorwerk-Vertreter. Jesus kommt gut an bei den Leuten, und in der Bergpredigt formuliert er so was wie das Godesberger Programm der Christenheit. Mit der Show hätte er in Rente gehen können, wäre nicht GOTT auf ihn aufmerksam geworden. Ja und was macht der alte Zebaoth am liebsten? Richtig: Leute umbringen. Und, fies wie er ist, erzählt er Jesus auch noch vorher, daß seine Tage gezählt sind. Dann schickt er ihm den Maulwurf Judas, der ihn an die Besatzer verpetzt, und schwuppdiwupp wird der Nazarener ans Holz genagelt. Ja, das war's: Schluß aus, kein Happy-End! Was noch folgt, ist der Director's Cut mit Auferstehung am dritten Tag und Ausschüttung des Heiligen Geistes. Alles sehr nebulös und schwiemelig, weil der Hauptdarsteller ja nicht mehr richtig mitspielt.

Diese Story liegt jetzt als Buch vor, wobei das Wesentliche sogar in der 5.0-bis-5.3-Version viermal drinsteht.
Da konnte man auch nichts mehr dran ändern, zum Beispiel von Leuten überarbeiten lassen, die ein Händchen für gute Storys haben. Aber nein: Die Bibel ist heilig, feddich.

Aus so einer vergeigten Vorlage bastel mal eine marktfähige Religion zusammen!

Die Notlösung war: Neben der Leiche muß noch eine positive Hauptfigur in den Plot rein: Der Heilige Geist, der ja auch heute noch jedes Jahr turnusmäßig ausgeschüttet wird, obwohl er auch irgendwo eine Taube ist und eigentlich in allem drin ist, was dem christlichen Glauben folgt; andererseits im Rahmen der Dreieinigkeit auch wieder gesondert neben Gott und seinem Sohn eine eigenständige Kraft ist. Kurz gesagt: Es blickt keiner mehr durch, und die Geschichte des christlichen Glaubens ist ein ewiges Ringen um den Heiligen Geist, was der eigentlich zu melden hat und was nicht.

Weil die ganze Lehre so unanschaulich ist wie die Quantenphysik, kamen im Laufe der Jahre jede Menge Nebengötter dazu. Zuerst die Dreieinigkeit, wobei da schon keiner weiß, wer der Boß ist, dann die Marienverehrung, und weil das immer noch nicht reichte: jede Menge Heilige, quasi als Staatssekretäre für eigene Zuständigkeitsbereiche. Gerade dieses Jahr ist der Heilige Isidor vom Papst zum Verantwortlichen für das Internet ernannt worden. Im Laufe der Jahrhunderte hat das Christentum wieder zum Polytheismus zurückgefunden, mit dem einzigen Unterschied, daß die Typen in der Regel untereinander nicht verwandt sind.

Die Bibel ist immer noch die Heilige Schrift, und man darf nicht drin rumstreichen. Aber statt sie für immer neue Randgruppen als »Motorradfahrer-Bibel« oder ins Plattdeutsche zu übersetzen, sollte sich endlich mal ein Team von guten Autoren über das ganze vergeigte Manuskript hermachen und daraus ein lesbares Buch basteln. Das wär' mal was!

ALS DIE BEKLOPPTEN NOCH BLOßE TROTTEL WAREN
Ein Rückblick voller Wehmut

Auch der Irrsinn war früher besser. Bekloppte vergangener Tage hatten noch Stil. Ihr Bescheuertsein will im trüben Lichte heutiger Gruselgestalten geradezu wie ein intellektuelles Feuerwerk erscheinen. Wer jemals den Phrasensalat durcheinanderkeifender Selbstdarsteller bei Christiansen oder Maybritt Illner verdauen mußte, sehnt sich nach dem Schwachsinn alter Politsendungen im Radio zurück. Als Hommage an all die liebenswerten Trottel jener Zeit präsentiere ich hier im Wortlaut die denkwürdige Radiosendung aus dem WDR zwischen dem Politredakteur Ralf Rüdiger Salm und dem Experten im Studio Dr. Heribert Wasser. Das Thema lautete wie in jedem Jahr »Wohin steuert die SPD?« und ist heute so aktuell wie eh und je. Viel Vergnügen!

Wohin steuert die SPD?
Ein Radiogespräch zwischen R. R. Salm und Dr. H. Wasser

+ Einen herrlichen Tag hier aus dem wunderschönen Funkhaus wünscht Ihnen Ihr Ralf Rüdiger Salm. Wie es schon mittlerweile gute Tradition ist, habe ich mir einen Experten ins Studio geholt. Es ist der bekannte deutsche Publizist Dr. Heribert Wasser. Guten Tag, Herr Dr. Wasser!
– Guten Tag, Herre, Herre ......
+ Salm, Ralf Rüdiger Salm!
– Sehr richtig!
+ In unserer kleinen Plauderstunde geht es heute erneut um ein brisantes Thema der Zeitgeschichte ...
– Sie meinen die Rezeption Ernst Jüngers in Südoldenburg?
+ Jain, Herr Dr. Wasser. Lassen Sie es mich etwas anders formulieren – ich meinte die Frage: »Wohin steuert die SPD?« Was hat Mannheim bedeutet?

– Aha. Wenn ich mich recht erinnere, Herre, Herre …
+ Salm!
– Aha! Wenn ich mich recht erinnere, hat Karl Mannheim 1929 in »Ideologie und Utopie« auf Seite 358 in einer zugegebenermaßen versteckten Fußnote auf den Konflikt zwischen Revolution und dem Utopos, wie es Thomas Morus seinerzeit ja im Grunde für das Abendland definiert hat und wie es ja dann rezeptionsgeschichtlich bis heute, ja selbst bis Amerika hinaus …
+ Wenn ich da mal vielleicht gleich einhaken darf, Herr Dr. Wasser… Ich meinte eigentlich nicht so sehr den Deutschen Soziologen Mannheim, sondern …
– Die Mannheimer Schule. Natürlich! Ja, der Übergang von der polyphonen Kunst der Bach-Händel-Zeit zur Klassik, wie er am kurpfälzischen Hof in Mannheim im ausgehenden 18 Jh. Gestalt annahm, ja, also das völlig neue Crescendo, die orchestermäßige Schreibweise der Tremolae …
+ Tremoli, Herr Dr. Wasser, wenn ich mir in allem Respekt diese kleine Korrektur erlauben darf.
– Der Lateiner ist da weit weniger konsequent, Herre, Herre … als uns das unsere Schulweisheit träumen läßt, wenngleich, lassen Sie mich das noch sagen, der harmonisch flächenhafte Satz – ohne Generalbaß – in der Sonatenform, ähm …
+ Vielleicht erstmal soviel zu unserem Thema heute »Wohin steuert die SPD«. Vielen Dank bis hier an Dr. Heribert Wasser, unserem Experten im Studio.

+ Liebe Hörer, vielen Dank, daß Sie diesen Sender eingeschaltet haben. Thema ist, für diejenigen unter Ihnen, die erst jetzt zu uns gefunden haben, »Wohin steuert die SPD?«. Im Studio haben wir den – lassen Sie mich es so ausdrücken – größten lebenden Experten der Jetztzeit, Dr. Heribert Wasser …
– Nana, Herr Salm, jetzt schmeicheln Sie aber ein wenig.
+ Duchaus nicht, Herr Dr. Wasser, durchaus nicht. Wohin steuert Sie denn nun, die SPD Herr Dr. Wasser, bitte schön!
– Im Grunde hat ja Grillparzer in seinem Trauerspiel in fünf Aufzügen »König Ottokars Glück und Ende«, Wien 1825, alles vorweggenommen, was derzeit in der SPD an schlecht chargiertem Schmierentheater sich abspielt. Denken Sie nur an die Absicht König Ottokars, sich von Margarethe von Österreich scheiden zu lassen, um Kunigunde von Ungarn zu heiraten. Das ist doch ein Stück aus dem Tollhaus, Herre, Herre …
+ Salm. Sicherlich, jedoch zurückkehrend zur bedrohlichen Lage der Sozialdemokratie …
– Wen wundert es, daß Bertha da fast wahnsinnig vor Zorn wird und natürlich ihre Onkel väterlicherseits, Zawisch und Milota …
+ Herr Dr. Wasser …
– Zweiter Akt: Der schlaue Zawisch läßt den jungen Merenberg mit einem Brief ins Reich entkommen.
+ Herr Dr. Wasser …
– Österreich und die Steiermark fallen ans Reich zurück.

\+ Wasser!
– Ottokar ordnet sein Heer zum Angriff. Kunigunde, Zawisch, Milota und Scharping fliehen nach Böhmen.
\+ Herr, Herr …
– Fünfter Akt. Lager Götzendorf. Die Kaisertreuen um Bruder Johannes und Clement töten Ottokar. Doris, die schöne Schwester des Tierpräparators Gerhard vom Hohen Ufer, gibt sich dem ungestümen Narren Hombach hin. Das führt …
\+ Wohin auch immer, Herr Dr. Wasser, lassen wir das vielleicht einfach mal so stehen und geben unseren Hörern Gelegenheit, eine eigene Meinung zu entwickeln. Vielen Dank bis hier an Herrn Dr. Heribert Wasser, unserem Experten im Studio.
– Vielen Dank, Herre, Herre …

\+ Noch ein Gläschen Mosel, Herr Dr. Wasser?
– Danke, hier sieht's ja keiner im Radio, Herr Wurm.
\+ S a l m.
– Lateinisch »salmo«, der Lachs, hmhmh. Ja, da haben sich ja zwei gefunden, was? Eine Ironie des Schicksals, ich als Dr. Heribert Wasser treffe zufällig in meiner Radiosendung auf einen Herrn Salm.
\+ Äh, das hier ist meine Radiosendung »Fragen der Gegenwart« von und mit Ralf Rüdiger Salm, und so ganz zufällig treffen wir hier auch nicht zusammen. 1990, Herr Dr. Wasser, waren Sie schon einmal hier als Experte im Studio, auch da ging es um die Frage »Wohin steuert die SPD?«, und da wären wir auch mitten im Thema.
– Salm. Das muß aber auch nicht der Lachs sein. Der Namensforscher neigt eigentlich in seiner Bedeutungszuschreibung auch eher zur Kurz- oder Koseform des alttestamentarischen Namens Salomon, hebr. »der Friedfertige«, bekannt im Volke hauptsächlich aufgrund seiner weisen Rechtsprechung. Noch heute gilt ja das salomonische Urteil als …
\+ Mit Sicherheit, Herr Dr. Wasser, doch was will Scharping?
– Erst einmal sicher nicht das, was er vorgibt zu wollen, Herre …
\+ Höchstinteressant!
– Und, auch da können wir von ausgehen, ist Adolf Scharping sicher nicht nur der Demagoge, wie man ihn aus dem Reichstag kennt.
\+ Rudolf Scharping, Herr Dr. Wasser!
– Auch und gerade der Name Rudolf verweist nach Österreich, da täuschen Sie sich nicht, Herr Salm, Rudolf von Habsburg, nicht wahr, wie ihn ja Grillparzer in dem eingangs erwähnten Trauerspiel »König Ottokars Glück und Ende« …
\+ Es ging mir nur um die Richtigstellung, Herr Dr. Wasser – Rudolf statt Adolf.
– Da denkt der einfache Mann gern an den GröFaz zurück. Wir, Herre Salm, haben da sicherlich eher den ersten König der Westgoten ›Atha-Ulf‹ vor Augen, der ja wie wir alle wissen eine entscheidende Rolle in der Völkerwanderungszeit gespielt hat, nicht zuletzt durch die Hinwendung zum arianischen Christentum.
\+ Vielleicht, Herr Dr. Wasser. Oxenstierna sieht das in seiner Abhandlung »Die Urheimat der gotischen Völker« von 1948 allerdings etwas anders.

– Oxenstierna wird überschätzt, das lassen Sie mich hier einmal in aller Öffentlichkeit sagen.
+ Ist es nicht vielmehr so, Herr Dr. Wasser, daß Sie und Oxenstierna auf dem 2. internationalen Kongreß für Experten 1952 in Uppsala …
– War es nicht Barcelona, ich erinnere mich da an eine glutäugige Kellnerin …
+ Oxenstierna hat Sie, Herr Dr. Wasser, dort einen »Scharlatan« geheißen, gerade was Ihre dreibändige Atha-Ulf-Biographie anbetrifft.
– Ach, gehen Sie mir doch weg mit Oxenstierna, Herr Salm, dieser Mann ist doch indiskutabel, der hat in der Westgotenforschung doch mehr Schaden angerichtet als Niedermüller in der Blendrahm-Rezeption.
+ Niedermüller, mein lieber Herr Dr. Wasser, lassen Sie da bitte aus dem Spiel.
– Ach nein. Und was ist mit »Das Füchschen«?
+ »Das Füchschen« ist nicht von Niedermüller.
– Sondern Herr Salm, sondern.
+ Niedermüller hat nach seiner Dortmunder Zeit nie wieder ein Bein in das Julius-Blendrahm-Institut gesetzt.
– Da liegen mir aber ganz andere Aussagen vor, werter Salm, ganz andere Aussagen.

+ Herr Wasser …!
– Dr. Wasser, ja, soviel Zeit muß sein, mein lieber Salm.
+ Verzeihung! Herr Dr. Wasser, »Wohin steuert die SPD?«
– Nun, »Steuern« sind sicher ein Thema in der Politik, an dem man nicht so ohne weiteres … oder lassen Sie mich anders anfangen: Die meeranwohnenden germanischen Völker verstanden unter afries. »stiure« oder anord. »styri« ja das »Lenken, Leiten«, ähnlich übrigens die Westgoten mit ihrem »stiurjan«…
+ Aber Oxenstierna hat, Herr Dr. Wasser, in seinem Buch über die Westgoten …
– Ach, lassen Sie mich doch mit diesem Oxenstierna zufrieden, um Himmels Willen. Interessant ist dazu, wie ein Wort, das eine lenkende Tätigkeit beschreibt, zu einem Begriff für den Zehnten des Staates werden kann.
+ Mit dem Zehnten, da wären wir ja heute gut bedient. Der Spitzensteuersatz von über 50 %, den ja auch und gerade die SPD fordert …
– Wer?
+ Na, die ganze Partei, Herr Dr. Wasser, die ganze SPD.
– Wer ist das denn eigentlich überhaupt, »die SPD«, von der sie hier die ganze Zeit schwafeln, geschätzter Kollege? Also ich erinnere mich blaß an eine gleichnamige Gruppierung während der Weimarer Republik, aber …
+ Die SPD ist nach '45 wieder neu gegründet worden, Herr Dr. Wasser.
– Sieh mal einer an. Ein rechtes Husarenstück. Der Husar übrigens, eine internationale Bezeichnung für die leichte Kavallerie, entstammt ja dem Ungarischen. Morgenzieher weist in seinen etymologischen Schriften darauf hin, daß das Wort »husz« im magyarischen »zwanzig« bedeutet, mithin der Husar auf die Zeit König Korvins zurückgeht, wo die Gutsherren je 20 Fußsoldaten einen Berittenen stellen mußten.

+ Die SPD, Herr Dr. Wasser, sprechen Sie doch bitte über die SPD.
– Alles falsch. »Husar« stammt vielmehr ab vom serbokroatischen »Husar«, was nichts anderes als »Räuber« bedeutet und zurückgeht auf das Lateinische »cursarius«. Mithin wurde die Bezeichnung für einen Kriminellen zu einer militärischen, ähnlich übrigens wie beim »Heiducken«.
+ Vergessen Sie mir nicht die SPD, Herr Dr. Wasser!
– Der Schwede übrigens hat die Husaren im 30jährigen Krieg nie als reguläre Truppe betrachtet, sondern regelrecht niederkartätscht. – Ja, die leichte Reiterei, da gäb's noch viel hinzuzufügen, werter Salm.
+ Wir wollen es vielleicht bis hierher dabei bewenden lassen, Herr Dr. Wasser, und uns doch noch einmal dem eigentlichen Thema des Tages widmen.
– Ich will Sie nicht langweilen, Kollege Salm, aber vielleicht ist es für unsere Hörer ja auch mal ganz interessant, nicht nur den etymologischen Aspekt eines Begriffes zu erörtern, sondern auch den militärgeschichtlichen. Da kennen wir ja neben den Husaren in der Kavallerie noch die Ulanen, die schwere Reiterei, also die Kürassiere und, obwohl es sich dabei doch eher um eine aufsitzende Infantrie handelt bei Licht besehen, die Dragoner. Fangen wir vielleicht bei den Ulanen an. Von Friedrich dem Großen 1742 ins preußische Heer eingeführt, ist der Ulan ja der Lanzenreiter, im Gegensatz zum Feuerwaffen tragenden Dragoner und der in Leder gewandeten Kürassiere. Ich muß da jetzt mal etwas weiter ausholen, werter Salm.
+ Ja, so gerne wir Ihnen da folgen würden, Dr. Heribert Wasser, so sehr verbietet uns die unbeirrbar fortschreitende Zeit, näher auf die Typologie der Kavallerie einzugehen, zumal unser Thema ja auch lautet »Wohin steuert die SPD«.
– Ich bitte Sie, Herre, Herre ...
+ Salm.
– Wie auch immer. Es kann ja wohl nicht angehen, daß in Deutschland schon wieder zensiert wird in den Medien. Heute ist es ein harmloses Gespräch über die leichte Reiterei, morgen brennen Bücher.
+ Nanana, geschätzter Dr. Wasser, da greifen Sie aber nach den Sternen.
– Er ist fruchtbar noch, der Schoß, aus dem es kroch ...
+ Die Bundesrepublik ist der friedlichste Staat auf deutschem Boden.
– Und der einzige, werter Salm.
+ Das kommt da hinzu.
– Nehmen Sie das nicht so leicht.
+ Da wär' ich der letzte, Dr. Wasser.
+ Es ist nicht viel, liebe Hörer, was wir heute in unserer Sendung »Fragen zur Gegenwart« über unser aktuelles Thema haben herausfinden können. »Wohin steuert die SPD?« fragten wir, und wir, das waren und sind Ralf Rüdiger Salm und als Experte im Studio ...
– Dr. Heribert Wasser.
+ Übrigens vielen Dank, Herr Dr. Wasser, daß Sie den weiten Weg aus Bad Wanderungen zu uns gefunden haben, Sie als internationaler Experte, der nunmehr seit, ja, seit wieviel Jahren?
– ... Was? Ich war einen Moment eingenickt.

+ Seit wieviel Jahren publizieren Sie schon, Herr Dr. Wasser?
– Ich bin quasi publizierend dem Mutterschoß entstiegen, wenn Sie mir den kleinen Scherz erlauben, Salm. Mein erstes Buch »Jenseits von Gut und Böse« erschien ...
+ Äh, das ist meines Wissens von Friedrich Nietzsche, wenn mich nicht alles täuscht.
– Dann war's die »Traumdeutung«.
+ Sigmund Freud. Wie dem auch sei, Herr Dr. Wasser, ich möchte unsere Hörer jedoch nicht aus unserer Sendung entlassen, ohne nochmals auf das Thema einzugehen: »Wohin steuert die SPD?«.
– Sicher ein interessantes Thema, Kollege Salm, aber ich hatte, glaub' ich, schon erwähnt, daß mir dieses Phänomen »SPD« kein Begriff ist im eigentlichen Sinne.
+ Bedauerlich, Herr Dr. Wasser, da sind Sie sicher auch gar nicht bereit, in der Kürze der Zeit, die uns noch verbleibt, eine Antwort zu geben auf die Frage »Wohin steuert die SPD?«.
– Nun, ich will es dennoch einmal versuchen. Die SPD steuert sicherlich, da erzähl' ich Ihnen zu Hause ja auch nichts Neues, sie steuert unverhohlen in einen Bereich, den wir alle – um es ganz platt auszudrücken – noch gar nicht kennen, vulgo: die Zukunft, Herre Salm.
+ Höchstinteressant. Was wird sich denn ganz konkret ändern in dieser traditionellen Volkspartei? Wird es die gute alte Tante SPD noch geben in, sagen wir, zwei Jahren – jedenfalls so, wie wir sie heute kennen?
– Kaum wahrscheinlich. Herr Salm, wir alle werden nicht jünger, und der hat einmal gesagt in seinem Buch »In Stahlgewittern«...
+ Ich fürchte, wir schweifen etwas ab, und im Angesicht der verrinnenden Zeit ...
– In derem Angesicht, mein lieber Salm, erscheint die SPD wie ein Wimpernschlag des Weltgeistes im hegelschen Sinne.
+ Bis hierhin erstmal, Herr Dr. Wasser.

+ Unsere Plauderei geht dem Ende zu, liebe Hörer. Brisantes Thema des Tages war »Wohin steuert die SPD?«. Ich denke, wir haben mit unserem Experten im Studio, Herrn Dr. Heribert Wasser, einen guten Griff getan und – wenn auch erst zum Schluß – tiefe Einblicke in das Schicksal der großen Volkspartei erhalten. Das soll es von mir aus sein für heute. Unser letztes Wort gehört natürlich dem Experten. Bitte, Dr. Heribert Wassser!
– mmm, vielleicht noch ein kleiner Nachtrag zum Thema »Leichte Kavallerie«. Der eigentliche Typ der leichten Reiterei entstand ja nicht mit dem ungarischen Husaren, sondern – wir bleiben im Habsburger Reich – mit den Kroaten. Dieses Grenzvolk bekam im Zuge des Vordringens osmanischer Kräfte ...
+ Ich glaube, das interessiert unsere Hörer nicht so sehr, Herr Dr. Wasser.
– Schweigen Sie, Salm. Die kroatische Reiterei trug leichte Musselintücher mit Lederknoten um den Hals. Das wiederum sahen französische Offiziere im Dreißigjährigen Krieg in Deutschland. Die nach 1648 in Frankreich aufgestellte Kavallerie hieß dann auch nach dem Vorbild der kroatischen Grenzreiter »Cravates royaux«

und trug justament selbige Halstücher. Und danach heißt noch heute der Halsbinder »Krawatte«.
+ Vielen Dank, Herr Dr. Wasser. Haben Sie noch einen Musikwunsch?
– Den Marsch des Hannoverschen Cambridge-Dragoner Regiments, wenn's erlaubt ist.
+ Gespielt vom Stabsmusikkorps der Bundeswehr unter Leitung von Oberst Wilhelm Stephan. Unser nächstes Thema in »Fragen zur Gegenwart« lautet übrigens »Hat die leichte Kavallerie noch eine Zukunft?«. Experte im Studio ist dann Rudolf Scharping.
– Da böten sich aber auch andere Experten an, Herr Salm, wenn ich das mal so ungeniert in den Raum stellen darf, Kollege Salm.
+ Dürfen Sie, Dr. Wasser, aber da ist nichts mehr zu machen. Dr. Scharping hat sich förmlich aufgedrängt, und das Thema war seine Idee.
– Schade, da hätte ich auch einiges beizusteuern gehabt.

ENDE

WIE ICH MIR DEN HIMMEL VORSTELLE

Der Himmel, in den man ja laut Garantiezusage der Kirche nach dem Verbleichen einrückt, entschädigt einen für all die Schmach drunten im Jammertal. Drum stell ich ihn mir so vor: Gleich wenn man reinkommt, links, wird ein Handwerker gegrillt. Dabei wird er von einem Engel immer wieder mit Pinselreiniger übergossen. Ein paar Schritte weiter stecken zwei Maurer bis zur Hüfte in Beton und versuchen verzweifelt, einen fahren zu lassen. Wir betreten das Foyer des Himmels. An der Wand hängt eine riesige Uhr, der kleine Zeiger ist ein Klempner, der große ein Fliesenleger. Die Zahlen bestehen aus den rostigen Zinken einer alten Egge und fräsen lustige Wunden in die beiden Zeiger. Weiter hinten im Foyer wird ein Dutzend Bankangestellter mit Überweisungsträgern genudelt. Immer wenn sie ein Paket aufgefressen haben, wirft ein Himmelsangestellter einen entfachten Grillanzünder hinterher. Wir begeben uns nun in eine der vielen Sonderausstellungen des Himmels, dieser Raum ist ganz dem Finanzamt gewidmet. An den kleinen Zehen aufgehängt, baumeln die Beamten von der Decke herab und werden von finster dreinblickenden Leitzordnern als Sandsäcke benutzt. Sogenannte Steuersünder schieben ihnen dabei noch Schwarzgeld in den Hintern, bis sie platzen. Doch dies ist nur der Vorraum zu einem weit lustigeren Kabinett. In Reih und Glied liegen hier die Politiker auf Streckbänken mit der Zielvorgabe, sie in der Länge bis zur Höhe ihrer letzten Versorgungsbezüge zu dehnen. Damit ihnen die Prozedur nicht zu langweilig wird, leckt derweil eine Ziege die gesalzenen Fußsohlen und über Stadionlautsprecher wird in Endlosschleife eine charismatische Rede von Rudolf Scharping verbreitet. In meinem Himmel bekommt jeder den Platz, den er sich auf Erden mühsam verdient hat: Kellner werden immer wieder von Vermöbelungsmaschinen an Tische gerufen, Politessen torkeln über und über mit Strafzetteln beklebt durch Innenstadtpanoramen. Hier findet man auch ein Schock besonders beflissener Kommunalpolitiker, die von ertränkten Hundewelpen zerkaut werden. Der schrecklichste Raum im ganzen Himmel aber ist eine riesige Halle, und über dem mächtigen Portal steht in Granit gemeißelt: »Das Gegenteil von gut ist gut gemeint.« Revolutions- und Religionsführer, der Papst und allerlei andere Menschheitsbeglücker müssen dort eine Herde Esel davon überzeugen, ihre Scheiße zu fressen. Da aber das Grautier im Gegensatz zum Menschen ein schwer zu überzeugender Intellektueller ist, bleibt den Geprüften nichts anderes übrig, als die eigenen Absonderungen in sich selbst reinzustopfen. Nach Durchschreiten der Halle fällt unser Blick auf einen Fahrstuhlschacht mit einem Schild davor. Dort lesen wir: Hölle. Bitte auf E drücken. Da erst erinnern wir uns, daß dies erst der Himmel war. Wie's dort unten aussieht, das erfahrt ihr ein anderes Mal.

Wischmeyer

DOPPEL-CD: Das Paradies der Bekloppten und Bescheuerten
Livemitschnitt des Tourneeprogrammes 2000/2001. Gäste: Willi Deutschmann und Mike. Als Nachbereitung für die Dagewesenen und Fernkurs für die Stubenhocker.
Best.-Nr. 481150...15,28 €

Hömma Spozzfreund
Siebzig Minuten durch den Irrsinn der BRD. Mit dem aggressiven Rentner **Willi Deutschmann** und den besten Geschichten aus **Wischmeyers Logbuch**.
Best.-Nr. 481125...15,28 €

Dietmar Wischmeyers Logbuch
Livemitschnitt der großartigen Logbuch-Lesungen im Herbst 1997 mit zusätzlich je einer Mike- und Willi Deutschmann-Geschichte.
Best.-Nr. 481143...15,28 €

Der Kleine Tierfreund
Ein faszinierendes Hörbild aus dem geheimnisvollen Afrika, auf Ohrsafari durch den schwarzen Kontinent mit „Massa Mokick" und seiner Kreidler Florett
Best.-Nr. 481145...15,28 €

auf Tonträger
AUSWAHL

Verchromte Eier 2
Hier nun endlich der zweite Teil der Auseinandersetzung mit dem Phänomen des Motorradfahrens als Witz. Hier wird keiner verschont, der schon mal das kalte Eisen einer motorisierten Eierfeile zwischen seinen Beinen spürte.
Best.-Nr. 481152...15,28 €

**Arschkrampen - is mir schlecht
The Drecks Generation**
Live aus Berlin: Die neuesten Absonderungen des legendären Comedy-Duos **Die Arschkrampen**. Diese CD sollten Sie vor Ihren Kindern resp. Eltern verstecken.
Best.-Nr. 481153...15,50 €

OBI ET ORBI
Ein wahnsinniger Frührentner führt uns durch die Hölle des Baumarktes und zeigt uns, wie man mit einer 5 Zentner schweren Frau zusammenlebt.
Best.-Nr. 481142...15,28 €

Alle CDs, T-Shirts und weitere Fanartikel sowie der kostenlose Gesamtkatalog sind zu bestellen bei:

FSR Mailorder
Postfach 11 02 71
10832 Berlin

Telefon: 0180-531 53 11
non-stop 24 Stunden
(Kernzeit 10.00 bis 17.00 Uhr, ansonsten Anrufbeantworter)

Fax: 0180-530 53 00
non-stop 24 Stunden

Internet:
www.fruehstyxradio.de

Bildnachweis:

S. 1: Andreas Fink, Potsdam
S. 2: Eckhard Titze, Wiedenbrügge
S. 3: Peter Ockenfels, Kirchzarten
S. 4: Archiv D. W.
S. 5: Archiv D. W.
S. 6: Michael Hellmich, Bielefeld
S. 7: Archiv D. W.
S. 8: Archiv D. W.

Ullstein Taschenbuchverlag 2002
Der Ullstein Taschenbuchverlag ist ein Unternehmen
der Econ Ullstein List Verlag GmbH & Co. KG, München
Originalausgabe
1. Auflage 2002
© 2002 by Econ Ullstein List Verlag GmbH & Co. KG, München
Redaktion: Nora Köhler
Umschlaggestaltung: Thomas Jarzina, Köln
Titelabbildung: Wiebke Langefeld
gesetzt aus der Frutiger
Satz und Layout: LVD GmbH, Berlin
Druck und Bindearbeiten: Clausen & Bosse, Leck
Printed in Germany
ISBN 3-548-36350-4